Robert Rosentreter

Hansezeit und Hanse Sail

Aus der maritimen Geschichte
Mecklenburg-Vorpommerns

HINSTORFF

Bibliographische Information Der Deutschen Bibliothek
Die Deutsche Bibliothek verzeichnet diese Publikation in der Deutschen
Nationalbibliographie; detaillierte bibliographische Daten sind im Internet
über http://dnb.ddb.de abrufbar.

© Hinstorff Verlag GmbH, Rostock 2004
Lagerstraße 7, 18055 Rostock
Tel. 03 81/49 69 - 0
Internet: http://www.hinstorff.de

1. Auflage 2004

Herstellung: Hinstorff Verlag GmbH
Lektorin: Bärbel Mundt
Druck und Bindung: BWH Buchdruckwerkstätten Hannover GmbH
Printed in Germany
ISBN 3-356-01043-3

Verheerende Kriegskurse, harte Aufbaujahre

Vier Jahrzehnte unter Hammer, Zirkel, Ährenkranz

Schlussakkorde im alten und Start ins neue Jahrtausend

Vorwort

Die mehr als tausendjährige Geschichte des Bundeslandes Mecklenburg-Vorpommern ist auch an maritimen Geschehnissen reich, an Blütezeiten wie an Tiefpunkten des friedlichen Seehandels, an blutigen Kämpfen auf See und an der Küste. Es gab erstaunliche Leistungen, bemerkenswerte Fortschritte, doch ebenso mitunter Stagnationen und Rückschläge im Schiffbau, in der Fährschifffahrt, der Fischerei, dem maritimen Tourismus und anderen Bereichen des Seewesens.

Dieser Band will der geneigten Leserschaft einige der wichtigsten Ereignisse und Aspekte der maritimen Geschichte Mecklenburgs und Vorpommerns, hervorstechende Entwicklungen und Hintergründe, auch einige bekannte Persönlichkeiten, in einer knappen und zusammengefassten Übersicht nahe bringen. Es konnte nicht die Absicht sein, eine wissenschaftliche Gesamtdarstellung der maritimen Seiten der Geschichte dieses Küstenlandes vorzulegen und dabei auf wenig mehr als einhundert Buchseiten womöglich Vollständigkeit anstreben zu wollen. So mag man dieses oder jenes Ereignis in der Abhandlung vermissen oder sich wünschen, dass einzelne maritime Bereiche und Entwicklungen detaillierter behandelt worden wären. Vielmehr sollen jedoch die interessierten Leserinnen und Leser Anregungen für eine Weiterbeschäftigung mit der regionalen Geschichte des Schiffbaus, der Schifffahrt, der Marine, der Fischerei oder der Seefahrtsdienste entnehmen. Die kleine Auswahl weiterführender Literatur aus der sehr umfangreichen maritimen, regionalbezogenen Bibliografie könnte dabei dienlich sein.

Robert Rosentreter

Von Wikingern, Slawen, Dänen und Hansen

Frühzeit zwischen Trave und Swine

Es mag im neunten Jahrtausend v. Chr. gewesen sein, als nach der Eiszeit und einer stärkeren Erwärmung in Mittel- und Nordeuropa die ersten Menschen in die Küstenregionen an der südlichen und westlichen Ostsee gelangten. Funde am Rande des Saaler Boddens und an anderen Orten deuten darauf hin. Bestes Material, aus dem die Steinzeitmenschen Geräte und Waffen fertigten, boten, wie etwa auf Rügen, die in die Kreide eingeschlossenen Feuersteine.

Bald haben sie sich wohl auch aufs Wasser getraut, mit Einbäumen oder Schilfmatten zunächst. Gerade die flachen und geschützten Haff- und Boddengewässer boten sich förmlich an, auf ihnen »See-Fahrt« auszuprobieren und vor allem den großen Reichtum an Fischen und Krabben für die Ernährung zu nutzen.Doch es vergingen noch einige tausend Jahre, ehe die Menschen sesshaft wurden und schließlich, in der Bronze- und Eisenzeit, mit den nun vollkommeneren Werkzeugen und Arbeitstechniken seefähigere Wasserfahrzeuge zu bauen verstanden, auf denen sie sich durch Staken oder schon mit Hilfe von Fell- bzw. Mattensegeln und mit Rudern entlang der Küste weiter fortzubewegen wagten. Als nach der Völkerwanderung, um 600 n.Chr., in das von Germanen weitgehend verlassene Gebiet slawische Stämme bis zur Elbe vordrangen, errichteten sie außer Siedlungen und Tempel auch Schutzburgen. Denn immer wieder brachen Wikinger, aus Skandinavien übers Meer kommend, in das Land ein.

Kunde von dieser frühen »geschichtlichen« Zeit der heutigen Region Mecklenburg-Vorpommern, etwa um 900 bis 1000 n. Chr., geben nun nicht mehr nur Funde, sondern auch Überlieferungen, wie die Jomswikinga-Saga, die Knytlinga-Saga sowie die Texte des dänischen Geschichtsschreibers Saxo Grammaticus.

Der erste, zum Christentum übergetretene Dänenfürst, Harald Blauzahn, drang zwischen 950 bis 970 in das Mündungsgebiet der Oder ein und ließ hier einen stark befestigten Seestützpunkt, die Jomsburg, errichten. Das umliegende Land, den Gau Jom, besiedelten seine Krieger, die sich Jomswikinger nannten. Damit beherrschte Blauzahn eine strategisch wichtige Position, denn auf der Oder wickelte sich der Fernhandel nach Süden, bis zum Orient, ab, den die Jomswikinger nun kontrollierten. Und sie hatten faktisch die Hoheit über das reiche Handelszentrum Jumne/Jumeta (Vineta?) auf Wolin, am Odermündungsarm der Divenow gelegen.

Eindeutig ist das alles aber nicht nachgewiesen. Eine andere Version besagt, der polnische König Mieszko I. oder vielleicht erst dessen Nachfolger Boleslaw Chrobry (der Tapfere) habe die Jomswikinger ins Land geholt und sich als Söldner dienstbar gemacht. Häuptling der Jomsburg, deren Lage auch nicht eindeutig nachweisbar ist, wurde der Däne Palnatoki, ein kühner und kluger Wikingerführer, nach dessen Tod der gerissene und heimtückische Sigvaldi, Sohn eines Jarl (Graf von Seeland), folgte. Die Jomswikinger bekämpften erfolgreich das Seeräuberunwesen, was ihnen selbst auch reiche Beute brachte, die man sogleich in Jumne veräußern konnte. Und sie sicherten dem polnischen König bei seinen Kriegszügen in Pommern (994 bis 999) die Seeflanke. Faktisch errangen sie im Ostseeraum die Seeherrschaft.

Inzwischen gab es in Norwegen, Dänemark und Schweden, in dieser zu Ende gehenden Zeit der Wikingerzüge, äußerst blutige, brutal und gnadenlos geführte Kämpfe um die Führungspositionen in den sich herausbildenden frühfeudalen Ländern. Als Richard Blauzahn starb, kam sein heidnischer Sohn Sven Gabelbart an die Macht. Sigvaldi lockte ihn in einen Hinterhalt, nahm ihn gefangen, verschleppte ihn auf die Jomsburg, ließ ihn aber wohl gegen ein erkleckliches Lösegeld wieder frei. Gabelbart gewann wenig später die Jomswikinger für einen Krieg gegen seinen Widersacher Jarl Hakoon von Norwegen, wobei er in der mörderischen Seeschlacht bei Hjörunga Vaag, an der 300 norwegische und 120 dänische und Joms-Schiffe beteiligt gewesen sein sollen, unterlag. Die Jomswikinger hielten sich für ihre dabei erlittenen schweren Verluste durch Raubüberfälle, auch auf das Land des »verbündeten« Gabelbart, schadlos. Jarl Hakoon konnte sich seines Sieges allerdings kaum freuen. Er wurde gestürzt und als Nachfolger Olaf Tyggvason, ein junger wilder Krieger, zum König gewählt. Im Exil geboren, hatten ihn estnische Piraten gefangen und als Sklave verkauft.

Noch als Knabe wieder frei gekommen, erschlug er seinen früheren Sklavenhändler mit dem Beil! Als Herrscher betrieb er rücksichtslos, mit Feuer und Schwert, die Christianisierung seiner Untertanen. Groß war seine Leidenschaft für Schiffe. Er schuf eine starke Flotte, beaufsichtigte selbst den Bau seines Führerschiffes LANGE SCHLANGE. Es soll 35 m lang (!?) und 4,5 m breit gewesen sein, mit 30 Ruderplätzen je Bordseite. Der 12 m hohe Mast trug ein 72 m^2 Rahsegel.

Olaf Tyggvason segelte im Jahre 1000 zur Odermündung, um mit dem Polenkönig zu verhandeln. Auf der Rückreise führte ihn Sigvald, der ihm das Geleit geben sollte, in einen Hinterhalt. Gedeckt durch die Insel Svolder (Ruden oder Vilm?) wartete eine weit überlegene Streitmacht der Dänen und Schweden, um mit Tyggvason abzurechnen. Sie ließen das schon voraus gefahrene Gros der Flotte Olafs ungestört passieren, um sich dann auf das Königsschiff und die begleitenden Boote zu stürzen. Sigvaldi zog sich flink zurück und schaute dem Gemetzel zu. Die Norweger nahmen das ungleiche Gefecht an. Hörner schmetterten, Kampfgebrüll und Kommandos schallten über den Greifswalder Bodden. Der blutige Enterkampf begann – Mann gegen Mann, ein Gemetzel, das vielen Kämpfern beider Seiten das Leben kostete. Eingekeilt und von zwei Seiten angegriffen, gab es für die LANGE SCHLANGE kein Entrinnen. Olaf Tyggvason erkannte die Ausweglosigkeit seiner Lage. Den Schild hoch über sich schleudernd, sprang er mit voller Rüstung ins Wasser und versank. Mit diesem »Königssprung« endete die denkwürdige Seeschlacht vom 9. September 1000.

In den folgenden etwa zweihundert Jahren tobten noch manche Kämpfe um Rügen und Usedom. Die Slawen lernten rasch nicht nur die Kampftaktiken ihrer Gegner, sondern sie bemühten sich auch, es den Nordmännern in der Kunst des Schiffbaus gleichzutun. So erreichten sie gegenüber den Skandinaviern zum Teil durchaus Ebenbürtigkeit und begannen jetzt ihrerseits, fremde Küsten zu überfallen und zu heeren.

Doch entstand ein Interessenkonflikt zwischen dem jungen Königtum Polen und dem nach Selbstständigkeit strebenden Pommern, die beide die wichtige Odermündung zu beherrschen trachteten. Als Dritte in diesem Kräftespiel erwiesen sich die Dänen, die 1043, 1078 und 1090 die Jomsburg überfielen und so gründlich zerstörten, dass sie unauffindbar wurde. Nachdem sie zeitweilig ihre durch innere Kämpfe hervorgerufene Schwäche überwunden hatten, setzten sie ihre Expansionspolitik gegenüber den Slawen um so eifriger fort. Sie überfielen und zerstörten 1161 die Burg »roztoc« (historische Vorläuferin der Stadt Rostock). Außerdem mischten die Deutschen mit, vor allem der Sachsenherzog Heinrich der Löwe, der die mecklenburgischen Obotriten unterwarf. Auch Pommern, das die Gegensätze seiner Kontrahenten eine Zeit lang auszunutzen und sich zu behaupten verstand, musste zunächst die Herrschaft Heinrichs anerkennen, der aber bald in Konflikt zu Kaiser Barbarossa geriet und entmachtet wurde.

Um so zielstrebiger suchten die Dänen, zunächst die Insel Rügen endgültig unter ihre Hoheit zu zwingen. Sie unternahmen eine der ersten großen amphibischen Operationen im Ostseeraum, als sie 1168 mit über 1000 Schiffen an Rügens Küsten landeten und die Tempelburg Arkona eroberten und zerstörten. Natürlich wollten Waldemar I. von Dänemark und sein Flottenführer Bischof Absalon »nur das Beste« für die slawischen Ranen. Als Kriegsgrund diente ihnen die »dringend gebotene« Abschaffung des Heidentums und die Einführung des Christentums auf Rügen. Freilich ging es um viel mehr. Mit Rügen hatten die Dänen ein Sprungbrett nach Usedom und zum Oderhaff.

Noch scheiterte 1170 ein erster Versuch, Wolin einzunehmen. Doch drei Jahre später konnten sie ihr Vorhaben verwirklichen. Die Dänen brannten die reiche Handelsmetropole des Mittelalters nieder, die seither nur noch in der Sage lebendig blieb. Trotzdem gelang es damit nicht, die Pommern vollständig zu unterwerfen, die ihre Burgen zu verteidigen verstanden. Pommerns Herzog Bogislaw I. entschloss sich sogar zu einem Präventivschlag gegen das inzwischen dänenhörige Rügen und schuf dazu eine starke Flotte. Außerdem suchte er die Hilfe des Herzogs Borwin I. von Mecklenburg. Bogislaw bot immerhin rund 500 Schiffe auf, die er bei der Insel Koos (coszta) zusammenzog.

Er wollte von hier aus gegen die südlich von Hiddensee in Bereitschaft gehaltene Flotte unter Admiral-Bischof Absalon vorstoßen und nach erfolgreicher Operation Rügen nehmen. Absalon war als Kirchenfürst ein fanatischer Christianisierer. Er zeichnete sich aber auch als geschickter Politiker und umsichtiger Flottenführer aus. Seine überlegenen Geschwader näherten sich am 20. Mai 1184, von dem an diesem Tage herrschenden Nebel begünstigt, unerkannt der pommerschen Streitmacht und griffen diese im Gebiet zwischen Palmer Ort, Stahlbrode und der Insel Riems überraschend und entschlossen an. Absalon trieb die Schiffe des Bogislaw, die sich gerade im Aufbruch befanden, in die Dänische Wieck und vernichtete sie. Diese Seeschlacht bei Darsinshöved endete für die Pommern katastrophal. Zwar behaupteten sie noch ihre Burgen Usedom und Wolgast, unterlagen aber schon 1185 bei einem Generalangriff der Dänen endgültig.

Die Entstehung der Kaufmannshansen

Das heutige Mecklenburg-Vorpommern war vor tausend Jahren von den noch »heidnischen« westslawischen Stämmen der Obotriten, Wilzen und Lutizen bewohnt. Sie gerieten, zumeist gewaltsam christianisiert, unter deutsche beziehungsweise zeitweilig dänische oder polnische Botmäßigkeit. Deutsche Adlige

Lübische Hansekoggen im Kampf gegen eine dänische Flotte vor War-
nemünde 1234

errichteten Burgen. Klöster wurden gegründet. Landlose Bau-
ern und Handwerker aus Sachsen, Friesland, Westfalen und
vom Rhein siedelten sich an. Händler, Schiffersleute und Handwerker gründeten an günstig gelegenen Stellen der Küste
Marktflecken, errichteten Kirchen, Wohn- und Werkstätten und
legten Warenlager an. Wichtig waren von Anbeginn möglichst
günstige Bedingungen, um Schiffe zum Be- oder Entladen festmachen oder sicher ankern zu können. Aber man wollte an diesen Plätzen auch Schiffe reparieren und möglichst selbst welche bauen. In den Siedlungen, die bald städtischen Charakter
annahmen, wuchsen die Einwohnerzahlen rasch. In historisch
sehr kurzer Frist entwickelten sich eine rege Handelstätigkeit

und ein dynamisches Wirtschaftsleben, zumal während jener Zeit überall Ackerbau und Viehzucht, Fischfang, Bergbau und Handwerk einen starken Aufschwung erfuhren. Lübeck war schon seit 1143/1159 als Stadt anerkannt. Das gleiche Recht nach Lübecker Vorbild (Lübisches Stadtrecht) erlangten 1218 Rostock, 1229 Wismar, 1234 Stralsund und 1250 Greifswald. Diese Städte des so bezeichneten wendischen Quartiers bildeten zusammen mit Hamburg den Kern der Hanse. Hanse bedeutet Schar, Gefolgschaft. Die Kaufleute dieser und weiterer Ost- und Nordsee-Städte betrieben im wesentlichen Fernhandel. Um ihre Waren auf den langen unsicheren Wegen zu schützen und ihre Interessen besser zu vertreten, bildeten sie zunächst Gilden und Kaufmannshansen. Das Beispiel dafür boten die schon im 12. Jahrhundert entstandene »Hanse der Kölner Kaufleute« in London und die »Gemeinschaft der Gotland besuchenden Kaufleute des Römischen Reiches«, welche an beiden Handelsplätzen schon feste Positionen, Schutzrechte und Privilegien erworben hatten. Die Kaufleute der neuen prosperierenden Ostseestädte schlossen sich entweder den beiden bestehenden Genossenschaften an oder bildeten eigene Hansen, die an den Knotenpunkten des Warenverkehrs Kontore, feste Niederlassungen, gründeten, so in Visby auf Gotland, in Nowgorod, dem Zentrum des Pelz- und Wachshandels, auf Schonen, dem Haupteinkaufsplatz für Hering, in Brügge, der Metropole der flandrischen Tuchproduktion, im norwegischen Bergen, dem großen Markt für Stockfisch, und in London den berühmten Stahlhof. Die Kaufmannshansen waren anfangs im wesentlichen Fahrgemeinschaften, die sich nach ihren Reisezielen als Schonen-Fahrer, Bergen-Fahrer oder Nowgorod-Fahrer bezeichneten. Jeder Vitte, wie man die Niederlassungen zunächst nannte, stand ein Vogt vor, der Polizei- und Gerichtsbefugnisse über seine Mitbürger, nach den Regeln seiner Stadt, ausübte. Ab der Mitte des 13. Jahrhunderts erwies sich zunehmend, dass die Kaufmannshansen die Rechte und Forderungen ihrer Mitglieder nicht mehr wirksam genug zu vertreten vermochten. Diese Aufgabe übernahmen mehr und mehr die einzelnen Städte, die inzwischen ökonomisch und also auch politisch erstarkt waren und an innerer Stabilität wie auch an

Autonomie gegenüber den feudalen Regionalherrschern gewonnen hatten. An die Stelle der Kaufmannshansen trat die
Städtehanse. Sie verfügte bald über ein recht dichtes Handels-
netz, das sich über weite Teile Europas erstreckte und sich
nicht nur auf die großen auswärtigen Kontore, sondern auch
auf zahlreiche Faktoreien im Binnenland stützte, welche Exportgüter aus ihrer Umgebung aufkauften und zugleich den
Absatz der eingeführten Waren garantierten. Rund 200 Städte
– einige allerdings nur zeitweilig – gehörten der Hanse in ihrer
Blütezeit an.

Koggen und Holken – die klassischen Hanse-Frachter

Wichtigste Quelle des Reichtums und des Einflusses der Hanse
war ihre Seeschiffahrt. Vor allem die Kogge, später die Holk,
erwiesen sich als jene Mittel, welche die Warenströme über die
Ostsee und die Westsee (so nannte man damals die Nordsee)
erst möglich machten. Die Kogge war vom Ende des 12. bis
Ausgang des 14. Jahrhunderts der klassische Hochseefrachter,
der bestimmende und am weitesten verbreitete Schiffstyp. Seit
dem Fund der Bremer Kogge von 1380 im Schlick der Weser-
mündung 1962 und ihrer Rekonstruktion ist die Koggen-Kon-
struktion in ihrer vollendetsten Form bekannt.

Vorher waren die Forscher auf die Deutung von Stadtsiegeln
und verschiedenen anderen Abbildungen, auf Beschreibungen
in der Dichtung oder in Dokumenten jener Zeit angewiesen. Zu
den wichtigsten Merkmalen der Kogge gehörten ein gerader
Kiel, relativ gerade, recht steile und hoch ragende Steven, hohe, geklinkerte Bordwände, die gedrungene Rumpfform, ein
Mast mit einer fierbaren Rah und einem viereckigen Segel und
das durch eine Drehachse schwenkbar in Kiellinie am Heck
angebrachte Ruder mit der Pinne, anstatt des bisher achtern, an
der rechten Bordseite (daher Steuerbord) befindlichen Ruders –
eine revolutionäre Erfindung, die in vielfach modernisierter Form

Das bekannte Stralsunder Koggensiegel lässt trotz starker Stilisierung die wichtigsten Merkmale einer Kogge erkennen. Das Original befindet sich im Archiv der Hansestadt Stralsund.

noch heute Bestand hat! – Bald kamen Kastelle und Mastkörbe hinzu. Sie dienten dem günstigeren Loten (Vorkastell), dem Schiffsführer als Kommandostand (das erhöhte Achterdeck) sowie dem Ausguck (Mastkorb), aber auch als Plattformen für Bogenschützen und zur Aufstellung von Steinwurfgeräten (Blyden) gegen angreifende Piraten. Flaggen (Flüger) wehten etwa ab Ende des 13. Jahrhunderts auf den Hanseschiffen als Hoheitszeichen in den Farben ihrer Städte, wie zum Beispiel Lübeck: rot-weiß, Hamburg: rot, Rostock: blau-weiß-rot, Riga: schwarz mit weißem Kreuz.

Die hanseatischen Handwerker, die Zimmerer, Schmiede, Teersieder, Tuchmacher und andere mehr eigneten sich die Kunst des Schiffbaus zielstrebig an, entwickelten sie unentwegt weiter und verbesserten ständig die Technologien, wobei sie viele Experimente wagten. So begannen sie, die Bretter für die Planken zu sägen, statt, wie in früheren Zeiten üblich, sie mit Beilen aus Baumstämmen zu hauen, was die Produktivität der Arbeit erheblich erhöhte und die Qualität entschieden verbesserte. Die Schiffe erhielten in ihrem Inneren außerdem eine Aufteilung mit Decks und Kammern. So übertraf die Kogge bald hinsichtlich der Größe, des Ladevolumens, aber auch ihrer Seetüchtigkeit, der Manövrierfähigkeit und der Segeleigenschaften alle bis dahin bekannten Schiffstypen. Koggen konnten, wie Versuche mit den heutigen Nachbauten der Bremer Kogge zeigten, hoch am Wind segeln und sogar kreuzen und erreichten eine Geschwindigkeit bis 8 sm/h. In Lübeck, Wismar, Rostock und Stralsund wurden Koggen und andere Schiffe und Boote in großer Zahl gebaut, was nicht nur das Stadtsiegel von Stralsund und das Wappen von Wismar bezeugen, die stolz eine Kogge als Symbol führen, sondern auch schriftliche Quellen, so das Stralsunder Kämmereiregister, belegen. Für 1410 weist es 13 Besitzer von Schiffbauplätzen aus. Ein Johann Keding war Inhaber von drei Werften! Die Größe der Koggen schwankte zwischen 15 und 35 m Länge. *Bremer Kogge:* Länge über alles: 23,27 m; größte Breite: 7,78 m; Tiefgang (beladen): 2,25 m; Segelfläche: etwa 200 m^2; Ladung: etwa 40 Lasten (80 Tonnen). Als archäologische Attraktionen gelten die erst 1996 beziehungsweise 1999 entdeckte Gellenkogge und die Poeler Kogge, so benannt nach ihren Fundorten. Beide geben weitere Aufschlüsse über die Beschaffenheit der Hanseschiffe. Sie sind etwa von gleicher Größe, d.h. rund 30 m lang und 8 m breit. Die *Poeler Kogge,* die inzwischen auch nachgebaut wurde, lief 1354 vom Stapel und ist zehn Jahre später gesunken. Die *Gellenkogge,* deren gut erhaltene Überreste im Saßnitzer Museum für Meeresarchäologie zu sehen sind, ist 1339 erbaut und 1356 repariert worden. Dabei erhielt sie eine neue innere Klinkerung und eine übergesetzte Kraweel-Beplankung als neue Außenhaut!

Den Koggen folgte ab Mitte des 14./Anfang des 15. Jahrhunderts als neuer Schiffstyp die Hulk oder Holk. Ursprünglich war das ein kleineres Schiff, das aber, weiterentwickelt – nach Übergang von der Klinker- zur Kraweelbeplankung und von der Einmast- zur Mehrmastbestückung – die Kogge übertraf.

Gegen Ende des 15. Jahrhunderts entstand das noch größere Kraweel oder Karweel-Schiff. Die Lisa von Lübeck, der Nachbau eines Hanseschiffes der zweiten Hälfte des 15. Jahrhunderts, hat einen sehr völligen Rumpf bei einer Länge von 30 m, einer Breite von 8 m und einem Tiefgang von 3 m. Die Tragfähigkeit betrug etwa 200 Tonnen. Diese Schiffe, wie schon die größeren Holken, hatten drei Masten, von denen Fockmast und Großmast ein Rahsegel, der achtere Mast ein Dreiecksegel trugen, mit einer Segelfläche von etwa 300 m². Natürlich nutzten die Hansen auch viele kleinere, meist einmastige Fahrzeuge, so Schniggen, Schuten, Ewer, Bojer, um nur einige anzuführen. Verbreitet war der pommersche oder mecklenburgische »hafcan«. »Stettiner Haffkähne« fanden noch im vorigen Jahrhundert Verwendung. Diese Schiffe dienten teils als Leichter oder dem Transport von Gütern zu nahen Küstenzielen oder der Weiterbeförderung der Waren zu kleineren Stapelplätzen (Häfen) und auf den Flüssen ins Landesinnere.

Auch hinsichtlich der Navigation zeigte sich die Hanse auf der Höhe der damaligen Zeit. Lot und Leine waren in der Ostsee das wichtigste Mittel. Kompasse gab es wohl erst seit Mitte des 15. Jahrhunderts, obgleich in Stralsund schon um 1400 ein Kompassmacher Gise ansässig war. Man segelte nach Küstensicht. Geografische Besonderheiten, auffällige natürliche Landmarken und auch bereits von den hansischen Seefahrern oder in ihrem Auftrag aufgestellte feste Seezeichen wurden zwar nicht auf Karten gezeichnet, die Beschreibung ihrer Standorte und Merkmale aber einprägsam allen Schiffsführern vermittelt und weitergegeben.

Das Leben an Bord war sehr hart. Die Besatzungsstärken, abhängig natürlich von der Schiffsgröße, betrugen etwa einen Mann je 5 Last. So gab es auf den größeren Koggen immerhin rund 20 bis 25 Mann an »Schiffsvolk«. Hinzu kamen oft einige Kaufleute und das »Kriegsvolk« – verpflichtete Bürger, Kriegsknechte, später auch Söldner – so dass sich, je nach Gefährdung (Piratengefahr, Kriegszeiten), die Zahl der Mitreisenden auf einem Schiff verdoppeln konnte. Man kann sich vorstellen, welche Belastungen allein die Enge an Bord hervorrief. So musste der Alltag nach strengen Regeln organisiert sein.

Feste Gesetze galten auch für den Landgang. Doch die Fahrensleute waren freie Männer, die in gewissem, freilich geringem Umfang, auch an Gewinnen und Verlusten der Handelsreisen beteiligt waren und zu eigenem Gunsten Kleinhandel treiben durften. So ist es verständlich, dass sie bei Überfällen oder anderem drohendem Unheil mit ganzer Kraft, nötigenfalls unter Einsatz ihres Lebens, um den Erhalt des Schiffes und der Ladung kämpften.

Machtentfaltung und Blüte des Hansebundes

Seit dem 12. Jahrhundert hatte die Zentralgewalt im Reich immer mehr an Macht eingebüßt. Der Kaiser war deshalb bald auch nicht mehr in der Lage, den Schutz der Kaufmannschaft im eigenen Lande, geschweige im Ausland zu gewährleisten. Die Landesfürsten kämpften erbittert gegeneinander um die Erweiterung der eigenen Macht, zum Schaden des Reiches, nicht zuletzt auch auf Kosten der Städte, für die sich die Notwendigkeit ergab, zum eigenen Schutz Bündnisse zu schließen. So entstanden der niedersächsische, der westfälische und der Rheinische Städtebund. Von den Küstenstädten knüpften zuerst Lübeck und Hamburg Kontakte, um die Bedrohung durch Dänemark abzuwenden, dessen König Waldemar II. die ganze südwestliche Ostseeküste unter seine Herrschaft zu bringen trachtete. In der Schlacht bei Bornhöved 1227, in der auch norddeutsche Fürsten gegen die Dänen zogen, da sie ihre Interessen ebenfalls gefährdet sahen, erlitt Waldemar eine schwere Schlappe und musste seine Pläne zunächst aufgeben. Als sich dann aber Waldemar II. und Holsteins Herzog Gustav Adolf IV. zusammentaten, geriet Lübeck in größte Gefahr. Die Heere der beiden Fürsten schlossen die Stadt von Land ein und dänische Schiffe riegelten mit einer Kettensperre die Trave-Ausfahrt ab. Die Lübecker steuerten einen »Sperrbrecher« – ein im Hafen voll aufgetakeltes, stark gebautes Schiff – bei günstigem Wind mit voller Fahrt auf die Sperrkette zu, die unter dem Anprall zerborst. Sämtliche verfügbaren Schiffe Lübecks, bemannt mit allen Waffenfähigen der Stadt, erreichten die freie See.

Die Dänenflotte lag vor Warnemünde, wohl weil sich König Waldemar in Rostock aufgehalten haben soll. Die Lübecker, unter Führung ihres Bürgermeisters Alexander Soltwedel, griffen ihre Gegner entschlossen an und errangen einen bravourösen Sieg. Es sind leider nicht alle Fakten dieses Treffens bekannt. Der Franziskaner-Lesemeister Detmar überlieferte, dass die Schlacht den ganzen Tag mit größter Verbissenheit getobt habe. Die Lübecker nahmen fünf feindliche Schiffe und verbrannten sie. Viele andere wären mit Mann und Maus »in den Grund gefahren«, das größte Schiff sei mit 400 Gefangenen erbeutet worden. Anschließend schlugen die Lübecker ihre Gegner auch zu Lande und behaupteten so ihre Unabhängigkeit.

Ein enges Zusammenwirken Lübecks mit Wismar, Rostock und Stralsund kam vor allem wegen neidvoller Konkurrenz untereinander noch nicht zu Stande. Deswegen hoffte Dänenkönig Erich IV., die Ziele seines Vorgängers doch noch durchsetzen zu können. Er beschlagnahmte 1246 die in Kopenhagen liegenden Schiffe der Travestadt und nahm Kaufleute gefangen. Die Lübecker übten daraufhin Vergeltung, indem sie dänische Küstenstriche verwüsteten. Kopenhagen wurde samt Schloss geplündert und niedergebrannt. Anschließend wandten sich die Lübecker gen Stralsund und richteten dort großen Schaden an, da die Stadt angeblich gemeinsame Sache mit Erich gemacht habe. Doch das konnten die anderen Küstenstädte nicht ohne Widerspruch hinnehmen. Auch zwischen Lübeck und Rostock hatte es ernste Reibereien und gar Gewalttätigkeiten gegeben. Wismar initiierte 1254 einen Vergleich, der Lübeck zu einer Entschädigung veranlasste. Fünf Jahre später schlossen Lübeck, Wismar, Stralsund und Rostock das erste feste Übereinkommen zum gemeinsamen Kampf gegen Piraten, das 1264 erweitert wurde und die Partner im Kriegsfalle zu gegenseitigem Beistand verpflichtete. Einige Jahrzehnte herrschte Frieden. –

Erheblich wuchs die Macht der Hanse durch das 1283 geschlossene Rostocker Landfriedensbündnis der Städte Lübeck, Wismar, Rostock, Stralsund, Greifswald, Anklam, Demmin und Stettin. König Erich von Norwegen ignorierte diese Macht aber, als er 1284 die in Bergen liegenden deutschen Schiffe beschlagnahmen ließ und die Handelsprivilegien der Hanse aufhob. Die Hansestädte beschlossen daraufhin eine Handelsblockade gegen Norwegen. Sie bewachten die Ostseeausgänge und die norwegische Küste und schnürten so jeden Handel ab. Eine Hungersnot wegen der ausbleibenden Getreidezufuhren zwang Erich zur Aufgabe. Da sich Bremen an dem Embargo nicht beteiligte, wurde es »verhanst«, also aller gemeinsamen Vorrechte enthoben, was für die Kaufleute der Stadt sehr schmerzhaft war. Bremen musste nachgeben und trat nun in bindender Form der Hanse bei. Doch dem noch ungefestigten Bund der Städtehanse drohte Unbill durch innere Auseinandersetzungen zwischen Patriziern einerseits und Handwerkern und Tagelöhnern andererseits sowie wegen des Streits um die Eigeninteressen der einzelnen Städte, gegen die sich eine große Koalition der norddeutschen Fürsten und Dänemarks formierte.

Lübeck, Wismar und Rostock unterlagen nacheinander den überlegenen Fürstenheeren, teils auch durch Verrat und Hinterlist. Nur Stralsund hielt mehrere Monate stand und konnte sogar die Belagerer durch einen Ausfall überraschen und vernichtend schlagen. Doch nicht dieser militärische Erfolg oder vorangegangene Misserfolge entschieden. Letztlich waren die Feudalmächte ganz einfach am Ende ihrer finanziellen Kräfte, und innerhalb dieser buntgescheckten Koalition brachen nur mühsam verkleisterte Widersprüche auf. So wurde das Wiedererstarken der Städtehanse möglich, die jedoch bald eine weitere harte Probe zu bestehen hatte. Dänemarks König Waldemar IV. schaute wie seine Vorgänger ärgerlich auf die Privilegien der Hansestädte. Um sie zu brechen, sperrte er den Sund, die für den Hansehandel lebenswichtige Verbindung zwischen Ost- und Nordsee, und landete mit einer Streitmacht auf Gotland, wo er den alten Hansehandelsplatz Visby erobern und verwüsten ließ. Daraufhin entschlossen sich die wendischen Städte zum Krieg. Der Handelsverkehr nach Dänemark und Schonen wurde »bei Verlust der Güter und des Lebens« untersagt, zugleich die Fredekoggen gerüstet. Im April 1362 sammelte sich die vereinigte Flotte im Libben, der durch die rügensche Halbinsel Bug und den Dornbusch auf Hiddensee geschützten Bucht, und segelte unter Führung des Lübecker Bürgermeisters Johann Wittenborg gen Kopenhagen. Es war eine beachtliche Streitmacht, denn Lübeck, Wismar, Rostock, Stralsund, Greifswald, Anklam, Kolberg, Stettin, Kiel, Hamburg und Bremen boten zusammen 27 Koggen und 25 Schniggen und Schuten sowie fast 3000 Mann auf. Wittenborg eroberte zunächst Kopenhagen und ließ die Stadt plündern. Doch dann beging er einen katastrophalen Fehler. Er befahl, um die Festung Helsingborg zu belagern, an der Küste von Schonen zu landen, wozu er bis auf wenige Bordwachen alle verfügbaren Männer heranzog. Diese Gelegenheit nutzten die Dänen, um die vor Anker liegende, fast wehrlose Flotte zu überfallen und zu vernichten. Sie erbeuteten zwölf der größten Koggen und nahmen viele Hanse-Bürger gefangen, darunter 125 Rostocker mit einigen Ratsherren. Die Belagerung Helsingborgs scheiterte nun ebenfalls. Der Rat der Stadt Lübeck rechnete mit Wittenborg gnadenlos ab. Er wurde enthauptet. Nur durch hohe Lösegelder kamen die Gefangenen wieder frei. Starke Verunsicherung lähmte nach dieser vereheerenden Niederlage die Hanse. In den folgenden Jahren handelten lediglich einige Kaperer aus Stralsund in dänischen Gewässern. Nachdem aber alle diplomatischen Bemühungen um die Wiederherstellung der alten Privilegien auf Schonen gescheitert waren und Waldemar die Handelstätigkeit in Dänemark und Norwegen durch viele Schikanen und Willküräkte immer mehr be- und verhinderte, rückten die Städte wieder eng zusammen. Sie beschlossen auf dem Hansetag vom 9. bis 19. November 1367 in Köln den Krieg gegen Dänemark. Insgesamt sandten 77 Hansestädte den Fehdebrief an Waldemar. Der soll gespottet haben:

»Sövenunsöventig Hense
un sövenunsöventig Gense.
Wenn mi de Gense nich biten,
na de Hense frag ik een Schiten.«

Doch das Lachen verging ihm, zumal auf die Seite der Hanse auch Schweden, Mecklenburg und Holstein traten. Wieder sammelte sich die hansische Ostsee-Flotte vor Rügen, diesmal zwischen dem Gellen und Ummanz. Die Hauptkräfte mit acht Koggen und 20 Schniggen stellten Lübeck (3), Rostock (2), Stralsund (2) und Wismar (1/20). Doch auch die preußischen Städte mit 5 Koggen und 500 Mann sowie Seeland mit 2 Koggen und 200 Mann erbrachten wichtige Beiträge. Insgesamt waren 21 Koggen, 22 Schniggen und Schuten und knapp 2000 Mann aufgeboten. Den Befehl über die Flotte hatten die Lübecker Ratsmänner Everhard von More und Gottschalk Attendorn. Das Landheer führte Bruno von Warendorp. Hinzu kam in diesem Krieg die »Westseeflotte« der Hanse.

Kopenhagen wurde erobert und zerstört, norwegische und dänische Küsten verwüstet, jede Zufuhr nach den Häfen verhindert. In Jütland drangen die Holsteiner vor, hansische und schwedische Truppen eroberten Schonen. Im August 1369 waren Norwegens Kräfte am Ende und König Hakoon musste um Waffenstillstand ersuchen. Damit verlor Waldemar seinen einzigen Verbündeten. Auch der Widerstand seines eigenen Landes erlahmte und als am 8. September 1369 die Festung Helsingborg kapitulierte, wobei Bestechungsgelder nachgeholfen haben sollen, war die Niederlage Dänemarks endgültig besiegelt. Waldemar musste im Frieden zu Stralsund 1370 die Handelsrechte der Hanse und die freie Sund-Passage anerkennen und ihr für 15 Jahre die vier Schonenfestungen Skanör, Falsterbo, Malmö und Helsingborg nebst den dazu gehörigen Einkünften überlassen. Der dänische Reichsrat verpflichtete sich, im Falle des Todes Waldemars dessen Nachfolger nur mit Zustimmung der Hanse zu wählen. Der Städtebund hatte damit seine Vormachtstellung in Nordeuropa und die Seeherrschaft auf der Ost- und der Nordsee gefestigt und seine größte Machtentfaltung erreicht. Gewachsen war das Ansehen Stralsunds, das zu diesem Erfolg einen gewichtigen Beitrag geleistet hatte. In den folgenden Jahrzehnten, nachdem durch den Tod Waldemar IV. 1375 ein Thronstreit ausgebrochen war, kam es zu blutigen Auseinandersetzungen zwischen einer dänisch-norwegischen und einer schwedisch-mecklenburgischen Mächtegruppe. In Dänemark/Norwegen regierte Margarethe, die Tochter Waldemars und Gattin Hakoons (der 1380 starb), für ihren minderjährigen Sohn Olaf VI., den die Dänen auf den Thron setzten, ohne die Hanse entsprechend dem Vertrag von Stralsund zu fragen, und obwohl die Hansestädte eigentlich Albrecht II. von Mecklenburg, der als König in Schweden herrschte, favorisiert hatten. Albrecht war ebenfalls ein Enkel Waldemars, Sohn dessen ältester Tochter Ingeborg. Als 1386 auch Olaf starb, wurde Margarethe vom dänischen und norwegischen Adel zur Königin beider Länder gewählt. Entschlossen bekämpfte sie Albrecht. Dessen Niederlage war besiegelt, als ihn der schwedische Adel 1389 absetzte und dafür Margarethe auch zur Königin Schwedens erhob, die alle drei Länder zur Kalmarer Union vereinigte. Nur die Stockholmer wollten sich Margarethe nicht unterwerfen und trotzten, von den mecklenburgischen Seestädten Wismar und Rostock aktiv unterstützt, einer harten Belagerung. Die Ausstellung von »Stehlbriefen« (Kaperbriefen) durch Rostock als auch durch Wismar während der Kämpfe um Stockholm begünstigten die Ausbreitung des Piratenunwesens. Zunächst sollten die Schiffe Viktualien (Versorgungsgüter) in die umklammerte schwedische Stadt bringen. Davon leiteten die Piraten ihre Bezeichnung »Vitalienbrüder« ab. Als Lohn für ihren Einsatz durften sie dänisch-norwegische und schwedische Schiffe aufbringen. Doch das reichte den wilden Gesellen bald nicht mehr, und so überfielen sie immer häufiger Kauffahrer der Hansestädte.

Piratenplage und der Hanse Not und Niedergang

Piraterie gab es zu allen Zeiten mehr, als dem friedlichen Handel recht sein konnte. Doch in den letzten Jahrzehnten vor der Wende zum 15. Jahrhundert nahm sie überhand. Der hansische Vogt auf den Schonenfestungen, Wulf Wulflam von Stralsund, kreuzte 1385 von Ostern bis Martini mit einem starken Schiff, eskortiert von mehreren Schniggen und bewaffnet mit sechs »Donnerbüchsen« (Geschütze, die als neue Waffe Mitte

»Seeschlacht« zwischen Schiffen der Hanse und der Vitalienbrüder – dargestellt während der Rügenfestspiele 1980. In Wirklichkeit verliefen die Kämpfe zumeist sicherlich weniger spektakulär unter vollen Segeln.

des 14. Jahrhunderts aufgekommen waren) nebst sechs Tonnen Kraut (Pulver), vor den skandinavischen Küsten, um Seeräuber, die seit dem Thronstreit um Waldemars Erbe immer zahlreicher und frecher auftraten, zu vernichten. Verarmte Adlige, Strauchdiebe, gescheiterte Existenzen aus den Städten sahen in der Seeräuberei eine Möglichkeit, in Saus und Braus zu leben. Sie nisteten in abgelegenen Winkeln von Rügen, auf dem Darß, in Hinterpommern, in Südschweden, auf Gotland und Bornholm. Sie nannten sich jetzt Likedeeler (Gleichteiler), da jeder den gleichen Anteil an der Beute bekam. Ihre Parole lautete »Gottes Freund und jedermanns Feind!« Die Hansestädte wurden die Geister, die sie gerufen hatten, nicht mehr los, obwohl sie viele Anstrengungen unternahmen. So versenkten Stralsunder Fredekoggen 1391 nach hartem Kampf angreifende Likedeelerschiffe und machten etliche Gefangene. Die sollen sie, wie es hieß, in Heringstonnen gesteckt haben, dass nur die Köpfe oben herausschauten. Im Hafen wären dann die Köpfe alle abgeschlagen worden! Doch das muss die Räuber kaum abgeschreckt haben. Als die Hansestädte 1394 nicht weniger als 35 Koggen mit rund 3000 Bewaffneten aussandten, richteten

26

diese nicht viel aus. Die Likedeeler waren zu einer unerträglichen Plage auf der Ostsee geworden, ja faktisch beherrschten sie das Baltische Meer. Überlegenen Kräften der Hansestädte wichen sie aus. Handelstransporte konnten nur noch in Konvois, die durch Orlogschiffe gut gesichert waren, erfolgen.

Nach und nach gelang es aber, die deutschen Küsten von Piratennestern zu säubern. Die Seeräuber zogen sich nun in ihre Schlupfwinkel auf Bornholm und Gotland zurück, wo sie noch ungestört waren. Schließlich griff der Hochmeister des Deutschen Ritterordens Konrad von Jungingen ein. Er zog in Danzig eine starke Flotte des preußischen Ordensstaates mit 80 Schiffen und 4 000 Mann zusammen, segelte nach Gotland und eroberte und zerstörte Visby, die letzte Bastion der Piraten. Für all jene Raubschiffe, die entkommen konnten, war es damit in der Ostsee zu gefährlich geworden. So verlegten Klaus Störtebeker, der wohl bekannteste Freibeuter, seine Kumpane Michel Goedeke und der Rostocker Magister der Philosophie Wigbold mit rund 400 Piraten ihr Treiben in die Nordsee. Bald wurden sie jedoch, durch energische Aktionen der Hamburger und ihres Führers Simon von Utrecht, aufgerieben, die drei Hauptleute gefangen genommen und hingerichtet.

Während die Hamburger noch mit den letzten Likedeelern in der Nordsee abrechneten, zogen in der Ostsee erneut drohende Kriegswolken auf. Dänemark brach die Bestimmungen des Stralsunder Friedens. Die Hanse erneuerte daraufhin 1418 ihren Bund zu Lübeck, allerdings nur mit den Städten Lübeck, Hamburg, Wismar, Rostock und Lüneburg und stellte wieder eine starke Seestreitmacht mit 120 Schiffen auf. Nach entscheidungslosen Kämpfen in den Jahren 1424 bis 1426 überfiel eine dänische Flotte Stralsund. Mit nördlichen Winden durch den Gellen in den Strelasund segelnd, griffen die Dänen am 9. Mai 1430 nachts den Hafen an. Sie eroberten etliche Schiffe und machten zahlreiche Gefangene. Andere Schiffe, die sie nicht mitnehmen konnten, verbrannten sie. Doch die Stralsunder hatten einige Schiffe noch selbst auf Grund setzen und sie so vor der Vernichtung durch Feuer bewahren können. Im Morgengrauen beschossen die Eindringlinge die Stadt, ehe sie sich wieder zurückzogen. Allerdings hinderten sie ungünstige

Winde daran, über die Ostansteuerung die freie See zu erreichen. So ankerten sie zunächst vor dem Ruden, um bei günstigerem Wind, wieder an Stralsund vorbei, durch die Nordansteuerung abzulaufen. In Stralsund trafen inzwischen acht Lübecker und Wismarer Kauffahrer ein. Sie wurden in aller Eile gelöscht, bewaffnet und mit Einheimischen bemannt. Dazu kamen einige von den Stralsundern wieder flott gemachte eigene Koggen, so dass Bürgermeister Klaus von der Lippe ein durchaus beachtenswertes Geschwader für einen Gegenschlag befehligte. Wie offenbar von ihm erwartet, kam der dänische Verband wieder in den Strelasund zurück. Da griffen die Stralsunder energisch an und errangen einen glänzenden Sieg. Während Stralsund nur zehn Tote beklagen musste, verloren die Dänen rund 500 Mann an Gefallenen und Gefangenen. Mehrere dänische Schiffe wurden erobert, andere versenkt. Diese Niederlage, so berichteten Zeitzeugen, habe dem damals regierenden nordischen Unionskönig Erich von Pommern vor Wut »die Tränen in die Augen getrieben«. Zu einem für die Hanse günstigen Friedensschluss kam es nach diesem Krieg jedoch nicht, da Rostock und kurz danach Stralsund im August/September 1430 einen Separatfrieden mit Erich schlossen. Das war ein schwerer Schlag für die weiter kämpfenden vier Städte. Ja, es kam sogar zu gegenseitigen Schädigungen durch Kaperer. Das Ansehen der Hanse sank auf einen Tiefpunkt.

In den folgenden zweihundert Jahren erzielten die Hansestädte gewiss noch manchen Gewinn, erwarben sie Reichtum. Gewerbe und Handwerk entwickelten sich. Die großartigen Hallenkirchen in Stralsund, Rostock und Wismar sowie prächtige Profanbauten entstanden oder wurden fertiggestellt. Die Bevölkerungszahlen wuchsen. Lübeck wurde zweitgrößte Stadt in Deutschland, nach Köln. Auch Rostock und Stralsund bezeichneten sich, der damaligen Zeit entsprechend, als Großstädte. Doch in diesem 15. und 16. Jahrhundert erschütterten auch mehrfach innere Konflikte die Städte, nicht zuletzt im Zusammenhang mit der Reformation.

Auseinandersetzungen gab es mit der aufkommenden holländischen Konkurrenz, mit England, mit Russland und, nach den Niederlagen des Deutschen Ritterordens, nicht zuletzt mit dem neuen Großreich Polen-Litauen und weiterhin immer wieder mit Dänemark und Schweden. Dabei geriet die Hanse mehr und mehr in eine Defensivposition. Sie verlor zusehends an Einfluss und Macht.

Noch einmal konnte der Städtebund, in diesem Falle mit Unterstützung Dänemarks, dessen Interessenlage ausnahmsweise mit der der Hanse im Wesentlichen übereinstimmte, gegen Schweden 1563 die Herrschaft auf der Ostsee erringen. Erich XIV. von Schweden wollte den Hansebund nicht mehr anerkennen und verbot deutschen Schiffen den Handel mit dem unter seiner Herrschaft stehenden Estland. Schwedische Schiffe brachten 32 große Lübische Frachter auf. Lübeck und Dänemark entsandten daraufhin eine Flotte von 54 Hulken und Koggen. Vor Öland kam es zu einer blutigen Seeschlacht gegen 38 schwedische Schiffe, die drei Tage, vom 30. Mai bis 1. Juni 1564, währte. Das schwedische Flaggschiff MAKALÖS, das zu dieser Zeit stärkste Kampfschiff auf der Ostsee, mit 140 Geschützen bzw. Wurfgeräten, wurde in erbittertem Kampf gegen drei verbündete Schiffe durch Artilleriefeuer in Brand geschossen und explodierte. Von den 700 Mann der Besatzung kamen nur 100 mit dem Leben davon. Diese und der schwedische Admiral Bagge gerieten in Gefangenschaft. Doch entscheidend waren die Schweden damit nicht besiegt. Eine weitere Schlacht im folgenden Jahr vor Bornholm endete unentschieden. Im weiteren Verlauf dieses Nordischen Siebenjährigen Krieges (1563 bis 1570) kam es noch zu mehreren Gefechten unterschiedlichen Ausgangs, auch vor den Küsten Mecklenburgs und Pommerns, besonders 1565, so am 21. Mai vor Mukran, am 4. Juni nördlich von Wismar und am 7. Juli zwischen Bornholm und Rügen. Die Verluste beider Seiten, nicht nur durch die Kämpfe, sondern auch durch Krankheiten und Naturgewalten, waren hoch. Der Handel erlahmte, vor allem, weil jedes Kauffahrteischiff Gefahr lief, von der Gegenseite aufgebracht zu werden, was oft genug geschah. Zwar nahmen Handelsleute und Reeder immer wieder das erhöhte Risiko der Schifffahrt auch in unsicheren Jahrzehnten auf sich, was sie sich natürlich um so teurer bezahlen ließen. Freilich ließen sich die Kosten nicht ins Unermessliche steigern. Einen so regen Warenaustausch wie zu den Glanzzeiten der Hanse gab es jedenfalls nicht mehr. Im Friedensvertrag zu Stettin, vom November 1570, festigte Dänemark seine Position. Lübeck und die Hansestädte gingen so gut wie leer aus. Schweden musste zwar nachgeben, war aber keineswegs entscheidend geschwächt und stieg in der Folgezeit zur europäischen Großmacht auf.

Wesentlich war eine neu erreichte Stufe der Seerüstungen durch den Übergang von geschmiedeten zu gegossenen Rohren: Bemerkenswert noch die Indienststellung des ersten Viermasters DER ADLER in Lübeck (1567). Dieses Großkampfschiff mit drei Artilleriedecks übertraf alles Bisherige: Wasserverdrängung 1500 t, Länge 64 m, Breite 20,5 m, Höhe des Großmastes 54 m. Ungewöhnlich stark war die Bewaffnung: acht 40-pfündige Karthaunen, sechs 20-pfündige Karthaunen, 26 Feldschlangen von 8, 9 und 10 Pfund, acht 2-pfündige Quartierschlangen und 27 Steinstücke von 10, 20 und 30 Pfund. Dieses prächtige und überragend starke Schiff demonstrierte die nach wie vor enormen Potenzen der Hansestädte. Doch es kam nie zum Gefecht.

Kampflos gab die Hanse 1570 Bornholm an Dänemark zurück. 1579 hob Elisabeth I. die deutschen Vorrechte in England auf und schloss 1598 den Stahlhof. Christian IV. von Dänemark erklärte schließlich 1610 die deutschen Privilegien zu »reinen Gnadensachen« und erkannte 1615 die Hanse nicht mehr an, nur noch die einzelnen Städte. Das Ende des bedeutendsten deutschen Städtebundes nahte unaufhaltsam.

Kaiserliche, Schweden und Preußen
im Widerstreit

Wallenstein und Gustav Adolf

Der Dreißigjährige Krieg war 1626 in eine entscheidende Phase getreten, als der kurz zuvor zum Generalwachtmeister ernannte Albrecht von Wallenstein, mit einer auf eigene Kosten aufgestellten Armee von 24 000 Mann an der Seite des Kaisers und der Liga, in die Kampfhandlungen eingriff. Die Liga, das politisch-konfessionelle Bündnis fast aller katholischen Stände, kämpfte seit 1618 gegen die Union, den Zusammenschluss der protestantischen Fürsten. Beide Seiten verbündeten sich mit ausländischen Mächten, die ihre eigenen Interessen verfochten. So fiel Christian IV. von Dänemark, gestützt durch englische, französische und niederländische Subsidien, 1625 mit einer starken Heeresmacht in Norddeutschland ein. Wallenstein stoppte den dänischen Vormarsch, vereinigte sich mit dem Heer der Liga unter dem Grafen von Tilly und errang in der Schlacht an der Dessauer Brücke einen Sieg über die Streitkräfte des Fürsten Ernst von Mansfeld II. Dann trieben seine Truppen die Dänen aus dem Lande und drangen bis Nordjütland vor. So sah sich Christian gezwungen, in Lübeck einen Friedensvertrag zu unterzeichnen. Damit erreichte die Macht des Kaisers ihren Höhepunkt. Er erhob Wallenstein in den Reichsfürstenstand und belehnte ihn an Stelle der geächteten Regenten Adolf Friedrich I. und Johann Albrecht II. mit dem Herzogtum Mecklenburg. Außerdem verlieh er ihm den pompösen Titel »General der ganzen kaiserlichen Schiffsarmada zu Meer, wie auch des oceanischen und baltischen Meeres General«. Dem Kaiser und Wallenstein war klar, dass den Machtansprüchen Dänemarks und Schwedens auf Dauer nur mit Hilfe einer starken Flotte begegnet werden konnte. So begann der »Meeresgeneral« tatkräftig und unverzüglich damit, Kauffahrteischif-

Gustav II. Adolf beim Gebet nach erfolgreicher Landung seines Heeres bei Peenemünde

fe zu Kriegszwecken umrüsten und bewaffnen zu lassen und Kampfschiffe zu bauen. Außerdem stellte das mit Schweden verfeindete Polen der neuen kaiserlichen Armada neun Schiffe zur Verfügung, darunter die Galeone KÖNIG DAVID, mit 40 Kanonen das weitaus größte Kampfschiff der Wallensteinflotte. Die anderen Galeonen und Pinassschiffe waren sämtlich nur mit 10 bis 26 Kanonen bestückt. Insgesamt zählten 21 namentlich nachgewiesene Schiffe zur Flotte, von denen die technischen Daten leider zum Teil nur fragmentarisch bekannt sind. Hinzu kam eine heute nicht mehr zu ermittelnde Zahl kleiner Einheiten. Wismar wurde Haupthafen der Flotte. Die kleine Insel Walfisch ließ der neue Herzog zur Sicherung der Hafeneinfahrt stark befestigen und auf Poel einen Stützpunkt anlegen.

Wallenstein war aber nicht nur ein bedeutender Militär, sondern auch ein kluger Ökonom. So verstand er, dass die Lebensgrundlagen der Hafenstädte seines Herzogtums – Handel und Seefahrt – gefördert werden mussten, wofür er sich schon aus eigenem Interesse als Landesherr einsetzte. Auch aus politischen Gründen war er bestrebt, die Hansestädte und die Niederlande auf seine Seite zu ziehen, da Schweden im Krieg gegen Polen, nach der Besetzung Livlands und großer Teile Preußens, Ansprüche auf die Herrschaft im Ostseeraum geltend machte. Deshalb wies Wallenstein seine Kapitäne an, den Hamburger Seehandel zu schonen und verfügte die Rückgabe eines gekaperten Schiffes. Einigen seiner Seeoffiziere warf er vor, dass sie sich um der Beute willen wie Piraten und nicht wie Soldaten verhielten. Dem Oberstleutnant de Suys, der sich als besonders gieriger Kaperer hervorgetan hatte, untersagte er gar jedes Auslaufen. Suys gehörte später zu jenen, die Wallenstein verrieten. Teile der neuen Flotte wirkten seeseitig bei der Belagerung von Stralsund mit, das sich, gestützt auf einen mit Schweden geschlossenen Vertrag, dem Ansturm der Streitmacht Wallensteins erfolgreich widersetzte.

Den Befehl über die kaiserlichen Schiffskräfte erhielt 1629 der Generalkommissar Gabriel de Roy, ein Marineoffizier aus den spanischen Niederlanden, woher die meisten Seeoffiziere kamen. Im Sommer 1629 kreuzten schwedische Schiffe vor Wismar auf, um den Hafen zu blockieren. De Roy wollte zu dieser Zeit nach Stralsund segeln, um in die Belagerungskämpfe einzugreifen. So stieß er am 25. und 26. September auf die Schweden, die wegen des für sie aus ungünstiger Richtung wehenden Windes dem Kampf auswichen, als sich der Wind aber drehte, zum Gegenschlag ausholten. Die Kaiserlichen mussten sich hinter die Walfisch-Befestigungen zurückziehen.

Im Juli 1630 landete Schwedenkönig Gustav II. Adolf mit einer gewaltigen Armee auf Usedom, beim Dorf Peenemünde. Mit dieser Seelandung hatte die schwedische Flotte eine beachtliche militärische und seemännische Leistung vollbracht, mussten doch 30 000 Mann, dazu Pferde, Geschütze, Musketen, Pulver und Versorgungsgüter sicher über das Meer transportiert werden. Außerdem galt es, auch weiterhin den Nachschub an Truppen und Material zu gewährleisten. Ein Blockadegeschwader segelte nach Wismar, um die kaiserliche Flotte dort zu binden. Dabei gelang es den an Feuerkraft überlegenen Schweden am 28. November 1630 erneut, die Wallensteiner hinter den Walfisch zurückzudrängen. Als dann die Schweden nach Rügen segelten, um Verstärkungen aufzunehmen, wagte de Roy erneut einen Durchbruch und griff die Seeverbindungen des Gegners an. Bei der Rückkehr von seiner Aktion stellten schwedische Schiffe die von ihm geführte König David und trieben sie bis nach Travemünde, wo Lübeck die Galeone beschlagnahmte.

In Pommern als Befreier begrüßt, war Gustav II. Adolf inzwischen in Stralsund eingerückt. Bald hatte er die gesamte deutsche Ostseeküste besetzt, nachdem es im September 1631 gelungen war, zunächst die Warnemünder Schanzen zu nehmen, und anschließend, nach dreimonatiger Belagerung, Wismar im Januar 1632 zur Kapitulation zu zwingen. Die Schweden erbeuteten 13 Schiffe der kaiserlichen Flotte. Das bedeutete ihr endgültiges Ende. Damit gewann Gustav Adolf, gestützt auf die Häfen in Mecklenburg, in Pommern, im Baltikum und in Preußen die Seeherrschaft auf der Ostsee. Der Schwedenkönig eroberte, nachdem Wallenstein durch Intrigen und Missgunst gestürzt worden war, fast ganz Deutschland. Erst als Wallenstein erneut den Oberbefehl über die kaiserlichen Streitkräfte erhielt, wendete sich noch einmal das Blatt. In der unentschiedenen Schlacht bei Lützen fiel Gustav Adolf. Schweden behauptete jedoch weiterhin große Teile des Landes und erhielt im Westfälischen Frieden 1648 ganz Vorpommern mit Rügen und Usedom, dazu Wismar, Neukloster und die Insel Poel, den Zoll von Warnemünde, schließlich auch die Bistümer Verden und Bremen (außer der Stadt). Der zurückgekehrte mecklenburgische Herzog Adolf Friedrich I. machte alle Reformen, die Wallenstein in seiner kurzen Regierungszeit zur Förderung von Handel und Wirtschaft eingeführt hatte – etwa einheitliche Maße und Gewichte und anderes – mit einem Federstrich zunichte.

Rund 150 Jahre dauerte die Schwedenherrschaft in Vorpommern und Teilen Mecklenburgs. Es hieß zwar später »Unter den drei Kronen lässt es sich gut wohnen«, doch die gesamte Küstenregion war, wie ganz Deutschland, nach diesem Krieg ruiniert. Stralsund und Wismar hatten ihre Unabhängigkeit verloren und sanken zur Bedeutungslosigkeit herab. Rostock, als nun einzige Seestadt Mecklenburgs, war nicht viel besser dran. Gewerbe, Handwerk und Handel konnten sich viele Jahrzehnte lang nicht erholen. Einen Fortschritt gab es allerdings, da Schweden eine ständige und möglichst sichere Verbindung mit seinen norddeutschen Besatzungsgebieten benötigte. So entstand die Postschiffslinie von Ystad nach Wittow auf Rügen, die nach Stralsund weitergeführt wurde. Zu den Ende des 17. Jahrhunderts für die Beförderung der Postsendungen, aber vor allem auch von Personen, insbesondere von Soldaten und deren Ausrüstungen, eingesetzten Jagden oder Galeassen gehörte die HIORTEN (»Hirsch«), die 1998 nachgebaut wurde und, seither von Karlskrona bzw. Ystad nach Rostock, Stralsund oder auch Wismar verkehrend, eine Vorstellung vom Schiffbau und der Seefahrt damals vermittelt. Die in der Zeit Gustav Adolfs eingerichtete Postroute gilt als Vorläufer des weltweit dichtesten Fährschiffnetzes, das heute die Küsten der Ostsee miteinander verbindet.

Der Große Kurfürst und sein unerfüllter Traum

Friedrich Wilhelm IV. war gerade zwanzig Jahre alt, als er sich den Kurfürstenhut aufsetzen durfte. Um diese, nach dem Dreißigjährigen Krieg ohnehin zweifelhaft gewordene Würde – zu den sieben weltlichen und geistlichen deutschen Fürsten zu gehören, die den Kaiser wählen durften – mochte ihn aber niemand beneiden. Das Kernland seines Kurfürstentums, die Mark Brandenburg, war durch den Krieg verwüstet und ausgeplündert wie kein anderes und ein Spielball zwischen Frankreich, Schweden, Holland, Polen und Spanien. So hoffte Friedrich Wilhelm IV. auf die Zeit »danach«, um durch geschickte Friedensverhandlungen, die Gegensätze zwischen den Großmächten ausnutzend, seinen eigenen Machtbereich erweitern zu können. Der junge Herrscher hatte einen Traum. Er wollte unbedingt Pommern mit den Odermündungen seinem Land einverleiben und Stettin gar zu seiner Residenz machen. Doch nicht in erster Linie als Regierungssitz begehrte er die Stadt am

Oderhaff. Ihm ging es vor allem um den Hafen und die Schiff-bauplätze, denn er wollte eine eigene Kauffahrt- und eine Kriegsflotte schaffen, um Kolonien zu erobern. Als Junge hatte er 1631 seine Tante, die Gattin Gustavs II. Adolf, in Wolgast besucht. Zwei Jahre später, erneut in Wolgast, oblag ihm die traurige Pflicht, die Leiche des bei Lützen gefallenen Schwe-denkönigs während der Überführung nach Stockholm zum Schiff zu begleiten, ehe er am Hofe seines Vetters, des Pom-mernherzogs Bogislaw XIV., in Stettin zu einem mehrmonati-gen Bildungsaufenthalt weilte. Schon dabei lernte er die Küs-tenschifffahrt auf der Oder, dem Haff und der Ostsee kennen. Danach hielt er sich zwischen 1634 und 1638 zum Studium an den Universitäten Leyden und den Haag bei seinen westeuro-päischen Verwandten, den Oraniern, auf. Hier erwarb er Kennt-nisse der Staatsführung, aber auch auf den Gebieten des See-wesens. Der berühmte holländische Admiral Maarten Tromp brachte ihm Seemacht-Verständnis bei. Der auf Schiffbau, See-handel und Kolonialbesitz beruhende Aufschwung der Nieder-lande regte ihn zu Folgerungen für seine eigene Politik an. Groß war seine Enttäuschung, als ihm durch den Westfälischen Frieden ausgerechnet Stettin und Vorpommern nicht zugespro-chen wurden! Immerhin bekam er ganz Hinterpommern, dazu die Bistümer Halberstadt, Kammin und Minden, womit Bran-denburg/Preußen immerhin der zweitgrößte Territorialstaat des Reiches wurde.

Drei außenpolitische Hauptziele visierte Friedrich Wilhelm an:

1. Aufhebung der polnischen Lehnshoheit über das zu seinem Hause gehörende Herzogtum Preußen;
2. Herrschaft über die mittlere Ostsee und den Unterlauf der Oder und Gewinn von Stettin und Vorpommern;
3. Abrundung des Territoriums und Verbindung der weit zer-streut liegenden Teile seines Staates.

Nur das erste Ziel sollte er während seiner Regierungszeit errei-chen, indem er während des schwedisch-polnischen Krieges 1655 bis 1660 zunächst auf die Seite Schwedens trat und von König Karl X. Gustav die begehrte Souveränität über das Her-zogtum Preußen erwirkte, sich dann aber auf die polnische

Seite schlug und sich als Lohn dafür von König Johann Kasimir den Verzicht Polens auf die Lehnshoheit über Preußen verbriefen ließ. Doch auf Vorpommern musste er im Frieden zu Oliva, am 3. Mai 1660, wiederum verzichten. Weder Schweden, noch Polen, noch Dänemark, noch Frankreich wollten den Brandenburger allzu stark werden lassen!

Seine maritimen und kolonialpolitischen Ziele musste Friedrich Wilhelm noch zurückstellen. Nach Überwindung erheblicher innenpolitischer Widerstände schuf er zunächst ein stehendes Heer. Es umfasste anfangs nur 7 000 Mann, wuchs aber bis zu seinem Tode auf 32 000 Mann an. Er hatte erkannt, dass ohne eine solche, ständig unter Waffen stehende und verfügbare starke Streitmacht (im Unterschied zu den nur im Bedarfsfall angeworbenen und dann wieder entlassenen Söldnerformationen) die Sicherung des Landes nicht möglich sein würde und eine aktive Außenpolitik nicht verwirklicht werden konnte. Übrigens holte sich der Kurfürst alte und erfahrene, nach dem Krieg demobilisierte und somit arbeitslose schwedische Korporale als Exerzier- und Zuchtmeister in sein Heer, die als gewievte Ausbilder und Exerziermeister wirkten, woher der geflügelte Begriff »Alter Schwede« seinen Ursprung hat. Der Unterhalt der Armee war aber nur mit ausländischen Hilfsgeldern, vornehmlich Frankreichs, gewährleistet, was die Handlungsfähigkeit Friedrich Wilhelms beträchtlich einschränkte.

Als die Schweden mit starker Übermacht 1674 in Brandenburg einfielen, bereitete ihnen die junge Armee des Kurfürsten gemeinsam mit Bauernaufgeboten am 28. Juni 1675 in der Schlacht bei Fehrbellin eine vernichtende Niederlage, was die Autorität Friedrich Wilhelms enorm stärkte.

Im gleichen Jahr begann der Aufbau einer Kriegsflotte, jedoch nur mit Hilfe finanzstarker Partner denkbar. Für diesen Zweck bot sich der holländische Reeder und Kaufmann Benjamin Raule an. Er erwarb auf eigene Kosten mehrere Schiffe und rüstete sie aus, um, mit Kaperbriefen des Kurfürsten versehen, schwedische Schiffe aufzubringen. Von der Beute stand ihm ein Teil zu. In kurzer Zeit gelang es Raule, 21 voll beladene Schweden zu kapern, so dass die schwedische Flagge von der Nordsee binnen weniger Wochen verschwunden war. Das aber brachte

Ärger mit den Holländern, weil damit deren Handel mit Schweden geschädigt wurde. So ließ sich Friedrich Wilhelm darauf ein, mit Raule eine Art Leasing-Vertrag zu schließen. Er mietete für ein Vierteljahr drei Fregatten und eine Pinasse, auf denen ab 1. August 1675 erstmals die Flagge mit dem roten Adler auf weißem Feld wehte. Bald darauf, im Frühjahr 1676, setzte ein neues »Mietgeschwader« mit fünf Fregatten und sechs Schaluppen für vier Monate die brandenburgische Flagge. Dieser Verband vereinigte sich in Kopenhagen mit den verbündeten Dänen, zu denen bald auch eine holländische Hilfsflotte stieß.

Am 3. und 4. Juni 1676 kam es zwischen der etwas kleineren und schwächer bewaffneten Dänenflotte (20 Linienschiffe, 7 Fregatten, 1300 Kanonen) und der schwedischen Flotte (27 Linienschiffe, 11 Fregatten, 2200 Geschütze) zum Treffen vor Jasmund. Es endete beiderseits ohne Verluste unentschieden. Doch am 5. Juni, bei Bornholm, gelang es den Schiffen unter dem roten Adler, bei der Verfolgung der Schweden, die Fregatte Leopard und einen Brander zu nehmen. Stolz wurden sie in den Hafen von Kolberg eingebracht – als erste, nun Kurbrandenburg gehörende Schiffe.

Wenige Tage später, am 11. Juni 1676, errang die verbündete dänisch-holländische Flotte unter dem kampferfahrenen Admiral-Leutnant Cornelis Tromp bei Öland einen Sieg über die Flotte Schwedens. Deren Flaggschiff, die Stora Kronan, das größte Kriegsschiff seiner Zeit, kenterte durch einen Windstoß bei einem Wendemanöver. Sie verlor weitere drei Linienschiffe, insgesamt 2000 Mann an Toten und Verwundeten sowie 600 Gefangene.

Am 11. Juni 1677 kämpften kurfürstliche Schiffe an der Seite der Dänen bei Moen gegen ein schwedisches Geschwader und nahmen im Enterkampf die Fregatte Mohrian, die drei Jahre später, gemeinsam mit der Wappen von Brandenburg die berühmte Fahrt zur Guineaküste unternehmen und dort an der Gründung (genauer gesagt Aneignung) des Kolonialstützpunktes Groß Friedrichsburg beteiligt sein sollte.

Nach Fehrbellin hatte der ab diesem Zeitpunkt als »Großer Kurfürst« geltende Friedrich Wilhelm die Schweden nicht nur aus seinem Lande, sondern auch aus fast ganz Vorpommern gejagt. Nur Stettin, Stralsund und Greifswald hielten sich noch. Am 11. September 1677 landete eine dänische Flotte unter dem berühmten Admiral Nils Juel und König Christian V. brandenburgische Truppen auf Rügen an, die die Insel besetzen konnten. Ende des Jahres fiel auch Stettin, das von brandenburgischen Schiffen seeseitig wirksam blockiert worden war. Doch die Schweden eroberten Rügen zurück! Schließlich sorgte Raule dafür, dass eine beachtliche Transport- und Landungsflotte mit 210 größeren und 140 kleineren Schiffen für eine erneute Seelandung auf Rügen zusammengezogen wurde. Dänische Truppen landeten am 22. September 1678 bei Arkona, während die Brandenburger am Tage darauf, gedeckt durch ein niederländisch-kurfürstliches Geschwader, unter dem gemeinsamen Befehl von Admiral Tromp bei Neukamp landeten. In wenigen Tagen kämpfte der Kurfürst mit seinem Heer die Insel erneut frei. Brandenburgische Kaperer blockierten danach wirksam den Sund, während sieben Kriegsschiffe mit 100 Kanonen Stralsund heftig beschossen. Nun gab die Hansestadt auf. Auch Greifswald kapitulierte. Der Große Kurfürst hatte ganz Vorpommern einschließlich der Hafenstädte in seiner Hand! Der Frieden von St. Germain 1679 aber, den die Großmacht Frankreich diktierte, verlangte erneut von Kurbrandenburg den Verzicht auf die im Kampf gewonnenen Gebiete Vorpommerns.

Der Soldatenkönig und der Alte Fritz

Was dem Großen Kurfürsten und auch seinem Nachfolger, dem verschwenderischen Friedrich I., der sich nun »König in Preußen« nennen durfte, versagt blieb, gelang dessen Sohn, dem strengen Friedrich Wilhelm I. Seit 1712 tobte in Europa der Nordische Krieg zwischen Russland/Dänemark und Schweden. Gleich zu Beginn, am 28. September 1712, griff ein dänisches Geschwader bei Arkona eine schwedische Transportflotte an, die Verstärkungen für die Besatzung der Insel bringen sollte und dabei 55 Schiffe verlor. Zar Peter I. wollte, dass neben Dänemark auch Preußen an seiner Seite gegen Schweden zieht. Dem folgte Friedrich Wilhelm I. allerdings erst 1715, als sich das Kriegsglück zur russischen Seite neigte. In kurzer Zeit eroberte seine gut gedrillte Armee ganz Usedom. Rasch war auch Stralsund eingeschlossen. Eine Einnahme der Stadt jedoch, das erkannten die Verbündeten, war ohne eine wirksame Unterbrechung der Schiffsverbindungen Schwedens nach Rügen nicht denkbar. Die Schweden brachten sogar Verstärkungen für Stralsund in der Prorer Wieck an Land. In harten Kämpfen, die anderthalb Monate dauerten, gelang es der dänischen Flotte, die Zufahrten nach Stralsund zu blockieren. Alle Versuche, die sich zäh verteidigende Stadt einzunehmen, scheiterten trotzdem. Es blieb nur die Möglichkeit, Rügen zu besetzen, um so Stralsund völlig abzuschnüren.

Zu einer für Seelandungen schon sehr ungünstigen Jahreszeit, im November 1715, sammelte sich eine große Flotte mit 430 Transportschiffen und 700 Landungsbooten bei Ludwigsburg. Rund 18 000 Mann – 24 Infanteriebattaillone und 36 Kavallerieschwadronen mit 5 200 Pferden – gingen an Bord. Karl XII. von Schweden erwartete mit 3 000 Reitern, 1000 Fußsoldaten und einigen Geschützen die Preußen und Dänen auf der Halbinsel Zudar. Die täuschten dort auch eine Landung vor, die aber beim Dorf Groß Stresow, nahe Putbus, erfolgte. Als Karl das erkannte und auf den Landungsabschnitt vorrückte, hatten die Verbündeten schon ihre Einheiten entladen und entfaltet. Der Angriff der Schweden scheiterte. Sie zogen sich auf Stralsund zurück. Nachdem der Schwedenkönig per Schiff geflohen war, gab die Stadt am 22. November auf. Der Friedensschluss 1720 bestimmte, dass Schweden das westliche Vorpommern mit Rügen, Stralsund und Greifswald behielt, wogegen das östliche Vorpommern bis zur Peene, einschließlich Stettin, Wolgast, Anklam, Demmin sowie die Inseln Wolin und Usedom preußisch wurden. Preußen hätte Rügen ohne Flotte auch nicht halten können. Die Schiffe des Großen Kurfürsten waren verkauft oder vernichtet, seine Kolonien verloren. Friedrich Wilhelm I. begriff sowieso nicht, was sein Großvater mit der Flotte wollte, warum der so hartnäckig um Stettin und die Odermündung gerungen hatte. Die perfekt organisierte und gelungene Seelandung bei Groß Stresow, an der er persönlich teilgenommen hatte, muss ihm auch keine »maritimen Erleuchtungen« gebracht haben. Er war eben nicht der Matrosenkönig, sondern ist bekanntlich als Soldatenkönig in die Geschichte eingegangen.

Auch sein von ihm barbarisch streng erzogener Sohn Friedrich II. hatte für die Seefahrt nicht viel übrig. Die Armee war halt viel wichtiger. Die langen und zermürbenden Kriege ließen wohl auch keine Möglichkeit, noch Zeit für anderes. Als die Schweden im Siebenjährigen Krieg Usedom einnahmen und die Odermündungen unter ihre Kontrolle brachten, wollte Friedrich der Große wenigstens Stettin so gut es ging schützen. Er ließ Strandbatterien in Stellung gehen und eine Haff-Flottille aufstellen. Das war ein jämmerlicher Verband mit vier Galioten, die vorher dem Holztransport gedient hatten, vier als »Galeeren« bezeichneten Zeeskähnen und vier Espings, einmastige Boote mit Sprietsegeln, alle notdürftig bewaffnet. Dieses »Schiffsarmement«, wie man es großspurig nannte, wurde beim ersten ernsthaften Treffen, am 10. September 1759 beim Repziner Haken im Oderhaff, von weit überlegenen schwedischen Schiffskräften vernichtet. Einen Triumph hatten die Preußen immerhin. Die Seeleute und Soldaten des Alten Fritz, die als Kriegsgefangene mit der Galiot SCHILDKRÖTE abtransportiert wurden, hatten keine Lust, irgendwo im rauen nördlichen Nachbarland in einem Lager zu schmoren. Sie überwältigten die Besatzung und die Bewacher ihres Gefängnisschiffes und enteilten nach Kolberg, wo sie mit Hurra einzogen. Eine zweite Haff-Flottille – noch kläglicher als die erste – wurde 1760 gebildet. Zum Schluss des Siebenjährigen Krieges behielt Preußen aber Vorpommern mit Stettin bis zur Peene.

Schwere Auseinandersetzungen hatte es in allen Kriegen des 17. und 18. Jahrhunderts und auch zwischendurch um die das Fahrwasser nach Stettin beherrschende Peenemünder Schanze und den am gegenüber liegenden Ufer der Peene befindlichen Hafen Grünschwade gegeben. Schließlich erklärte der Alte Fritz Swinemünde zum Hafen und ließ die Swine weiter ausbauen als neuen Hauptschifffahrtsweg nach Stettin, was sie bis heute geblieben ist.

Der Große Nordische Krieg und der Siebenjährige Krieg hatten in einigen Küstenregionen Pommerns verheerende Schäden hinterlassen. Besonders umkämpft waren die Peenemündung und die Landstriche am Stettiner Haff.

Weniger litten in dieser Zeit Wismar und Rostock. Die Schweden hatten 1714 die Zollhoheit in Rostock-Warnemünde an den Landesherrn verpfändet. Seitdem wollte aber auch der Herzog so viel wie möglich eintreiben. Damit geriet die Stadt eher vom Regen in die Traufe. Erst 1748 erlangte Rostock die Hafengerechtigkeit und damit auch ihren Vorhafen Warnemünde zurück. Ein wirtschaftlicher Aufschwung setzte ein. Vor allem nahm der Export von Getreide und Bauholz zu. Mecklenburg war das führende Getreideanbauland im Ostseeraum geworden. Sehr gute Geschäfte ergaben sich auch für die Obstbauern im Umland Rostocks und für die Schiffer durch die Ausfuhr von Äpfeln nach St. Petersburg. Russlands wachsende Hauptstadt wurde so gut wie ausschließlich mit »Zoren(Zaren)äppel«, wie man sie nannte, versorgt. Weitere Exportgüter waren Branntwein, Essig, Bier, Wolle und Glaserzeugnisse. Der Ort Glashagen erinnert noch heute an die damals zahlreichen Glashütten im Lande. Felle, Leder, Heringe, Käse, Kalk und andere Waren wurden eingeführt. Die Zahl der in Rostock registrierten Schiffe wuchs von ihrem Tiefpunkt 1712 mit nur 31 Seglern auf 46 Schiffe im Jahre 1763 und auf 130 Seefahrzeuge um 1800. Beherrschender Schiffstyp war die Galeasse, ein Anderthalbmaster mit Gaffelsegel und Gaffeltoppsegel.

Getreide- und Holzausfuhren aus Hinterpommern und Brandenburg brachten nach 1760 auch für Stettin allmählich einen Aufschwung mit sich, während Wolgast ein klägliches Randdasein fristete. Schlimm war Stralsund dran. Die Stadt hatte sich vom brutalen kurfürstlichen Bombardement 1678 und einem verheerenden Großbrand 1680 noch nicht erholt, als die Pest 1710/1711 etwa 4000 Einwohner hinwegraffte. Außerdem ließ das enge Hinterland von Schwedisch-Pommern für Stralsund wie auch für Rügen und Usedom, den Darß und das Fischland ohnehin kaum Erfolg versprechende ökonomische Entwicklungen zu. Der Stralsunder Hafen war vorwiegend Nachschub- und Abschubbasis für die Besatzungsmacht. Wismar profitierte ein wenig vom Warenumschlag schwedischer Aus- und Einfuhrprodukte von und nach Westeuropa, doch große Gewinne waren der Stadt damit auch nicht beschieden. Am lohnenswertesten blieb noch der traditionelle Bierexport Wismars.

Einige spektakuläre Ereignisse weckten allerdings das Interesse der Einwohner Mecklenburgs. Da war vor allem der Besuch Peters des Großen im Juli 1716 anlässlich der Vermählung seiner Nichte mit Herzog Carl Leopold und um ein Bündnis mit Mecklenburg gegen Schweden zu schließen. Ein Zar, noch dazu ein so großmächtiger wie »Pjotr Pjerwy«, machte Staatsbesuche wie diesen natürlich nur mit gewaltigem Anhang. Gleich 7 000 Mann – sein ganzes Leibregiment – brachte er am 3. Juli nach Rostock, wo eine sensationelle Parade stattfand. Ein solches »Event« gab es in Rostock noch nie und sollte sich auch so bald nicht wiederholen. Die Abreise war eines Zaren würdig. Als die stattlichen Schiffe der jungen russischen Flotte, darunter das Flaggschiff SCHTANDART, am 14. Juli die Anker lichteten, staunten viele Rostocker mit großen Augen und offenen Mündern. Ein heutiger Nachbau dieser Fregatte ist seit 2001 fast jedes Jahr viel bewunderter Stargast der Hanse Sail Rostock.

Recht stolz waren die Mecklenburger, als sie von der Weltumsegelung des jungen Rostockers Karl Friedrich Behrens erfuhren. Er hatte als Kommandeur der Seesoldaten auf der Fregatte »Thienhoven« unter Admiral Roggeveen an einer Expedition teilgenommen, die ihn über den Atlantik, durch die Magellanstraße, über den Pazifik und, nach mancherlei Fährnissen, zurück in die Heimat führte. Während dieser Reise wurden am ersten Ostertag 1721 die Osterinseln entdeckt, die Behrens an der Spitze eines Landungskorps als erster Europäer betrat. Seine Reisebeschreibung, die 1735 erschien, zwei Jahre später erneut aufgelegt wurde und auch in französischer Sprache herauskam, war ein Bestseller seiner Zeit.

Eine ganz andere, wahrhaft historische Tat vollbrachte Großherzog Friedrich Franz I. – freilich erst auf Anregung seines
Leibarztes, Dr. Samuel Gottlieb Vogel, Professor für Medizin an
der Rostocker Alma Mater. Der herzogliche Hof, der sich in
Doberan aufhielt, ging im September 1793 am Heiligen Damm
kollektiv baden. Den ersten Schritt ins kühle Nass tat übrigens
der Komponist, Geheimrat Friedrich von Flotow, ehe der Landesvater nachfolgte. Das Plantschen in der Ostsee muss dem
Herzog gefallen haben und prima bekommen sein, denn er
gründete hier das erste deutsche Seebad. Es war der Beginn des
Seebäderwesens, das hundert Jahre später in der Küstenregion
Mecklenburgs und Vorpommerns und in ganz Deutschland
sogar als neuer Wirschaftszweig unverzichtbar wurde.

Natürlich nicht als Tourist kam 1801 ein sehr berühmter
Gast nach Mecklenburg: Admiral Horatio Nelson. Der von ihm
befehligte Flottenverband mit 31 Kriegs- und Versorgungsschiffen ankerte vor Warnemünde. Nach der denkwürdigen Schlacht
um Kopenhagen, am 1. und 2. April 1801, hatte Nelson zur Ausbesserung der erlittenen Schäden an seinen Schiffen und zur
Verproviantierung die Küste des neutralen Mecklenburg angesteuert. Dänemark, Schweden, Russland und Preußen standen
bis zur Niederlage der Dänen vor Kopenhagen in einer Koalition der »bewaffneten Neutralität« gegen Britannien, kamen
also als Gastgeber nicht in Frage.

Ganz Rostock und der gesamte Landadel waren schier aus
dem Häuschen. Nelson und seine grandiosen Seesiege, vor
allem der bei Aboukir 1798, aber auch die Skandalbeziehung
mit Lady Hamilton waren in aller Munde. Leider enttäuschte
der Seeheld die Rostocker, da er nicht selbst an Land kam, sondern an Bord die offiziellen Huldigungen entgegennahm, so
auch einen Besuch des Herzogs Carl II. von Mecklenburg-Strelitz, dem zu Ehren das Flaggschiff HMS ST. GEORGE 21 Schuss
Salut feuerte. Noch zweimal, aus Anlass des Tages der Thronbesteigung von King George III., am 29. Mai, und an dessen
Geburtstag, dem 4. Juni, schossen die Schiffe den Großen Salut
– ein Spektakel für die Rostocker und ihre Gäste. Ob sich nun
Nelson die Ehre gab, seinen Fuß auf den Boden der Stadt zu
setzen oder nicht – Handwerker und Kaufleute machten ja ein-

malig gute Geschäfte mit den Briten und das war das Wichtigste. Da viele Nelson-Fans von weither anreisten, sogar aus Berlin und Hamburg, waren auch Herbergen und Gaststätten
(natürlich bei überhöhten Preisen) ausgebucht wie nie zuvor.
Die Einwohner und ihre Logiergäste feierten die Offiziere seiner Lordschaft enthusiastisch, wenn sie in der Stadt aufkreuz-
ten oder an Bällen und Festen teilnahmen. Tag für Tag war der
Warnemünder Strand bevölkert, weil jeder die Schiffe wenigstens von Weitem sehen wollte. Doch es fuhren auch viele
Boote mit Passagieren auf die Reede hinaus, denn die Engländer luden Gäste zu »open ship« sehr herzlich an Bord ein.

»Franzosentiet« und Befreiungskriege

Das 19. Jahrhundert begann in Europa mit neuen Kriegen, die
aber zunächst noch fern der deutschen Waterkant ausgetragen
wurden. Frankreich, unter Napoleon Bonaparte, gelang es, in
den militärischen Auseinandersetzungen mit Österreich, Russland und Preußen die Hegemonie über ganz West- und Mitteleuropa zu erzwingen. Das deutsche Kaiserreich zerfiel nach
den Niederlagen Österreichs und Russlands bei Austerlitz 1805
und Preußens bei Jena und Auerstedt 1806. Mecklenburg wurde ein Vasallenstaat Napoleons. Die Bevölkerung Pommerns
trug schwer unter dem Franzosenjoch.
   Nur Großbritannien konnte, nicht zuletzt dank des Sieges
Nelsons über die französisch-spanische Flotte 1805 bei Trafal-
gar, widerstehen. Napoleon musste auf die geplante Landung in
England verzichten. Um die Briten dennoch in die Knie zu
zwingen, verkündete er im November 1806 von Berlin aus die
Kontinentalsperre – das Verbot jeglichen Seehandels mit England. Damit brach für die deutschen Küstenstädte eine harte
Zeit an. Schweden, das 1812/13 an der Seite Preußens, Russ-
lands und Österreichs focht, hatte bereits 1803 Wismar an
Mecklenburg verpfändet (formell verzichtete Schweden aber

erst 1903 auf die Stadt). Zunächst brachte die Heimkehr ins herzogliche Reich der Stadt wegen Kriegsfolgen und Kontinentalsperre nicht viel.

Ebenso war Rostock stark betroffen. Die Schifffahrt kam völlig zum Erliegen, wenn man vom zwar einträglichen, aber höchst risikovollen Schmuggel absieht. Schiffe wurden für napoleonische Dienste beschlagnahmt. Mecklenburger mussten als Söldner oder Seeleute in Napoleons Hilfstruppen dienen, durften dafür jedoch zeitweilig sogar in Vorpommern Besatzer spielen. Viele junge Seeleute flüchteten nach Schweden, England oder Russland. Zehntausend »Franzmänner« probten 1811 vor den Toren Rostocks den nächsten Feldzug. Und das machte durstig! Brennereien und Brauereien mussten täglich 1200 Liter Schnaps und 12 000 Liter Bier für die französischen Kehlen liefern.

Stralsund litt besonders unter den nur von kurzen Waffenstillstandspausen und »Friedens«-Zwischenzeiten unterbrochenen Kämpfen der Franzosen und ihrer Verbündeten gegen Schweden und Preußen, in die zeitweilig auch die Engländer verwickelt waren. Napoleon ließ die Festungswerke Stralsunds schleifen. Seine Absicht, von Vorpommern aus in Schweden zu landen und die Ostsee unter seine Kontrolle zu bringen, musste er freilich aufgeben, da sich auf der ebenfalls von seinen Truppen besetzten Pyrenäenhalbinsel Spaniens Volk erhoben hatte und er diesen gefährlichen Brand zuerst austreten wollte. Den Versuch, es den Spaniern gleichzutun und gegen Napoleon aufzustehen, bezahlten Major Ferdinand von Schill und viele seiner Getreuen mit dem Leben. Schill fiel im Kampf am 31. Mai 1809 in der Stralsunder Fährstraße nach heldenhafter Gegenwehr.

Doch die Tage der »Franzosentiet« waren gezählt, als die Grande Armee in Russland 1812 eine vernichtende Niederlage erlitt und Napoleons Stern in der Völkerschlacht bei Leipzig 1813 unterging. Schließlich wurde der Korse 1815 bei Waterloo endgültig besiegt und nach St. Helena verbannt. Der anschließende Wiener Kongress 1817 brachte für Schwedisch-Vorpommern und das Fürstentum Rügen auch das Ende der Schwedenzeit. Stralsund wurde wieder Festung, nun unter Preußens Hoheit.

Preußische Kriegsbrigg in Stettin

Stralsund – Wiege der preußischen Marine

Beim Abzug der schwedischen Marine aus Stralsund übernahm Preußen sechs Kanonierschaluppen: Das waren schwer gebaute Ruderboote mit 30 bis 40 Riemen und Hilfsbesegelung. Sie trugen ein relativ großes Buggeschütz, zumeist 24-Pfünder, waren wendig und konnten, in größerer Zahl eingesetzt, auch stärkeren Schiffen gefährlich werden. Der schwedische Marineoffizier Diedrich Johann Longé, Abkömmling seinerzeit nach Skandinavien ausgewanderter französischer Hugenotten, trat in preußische Dienste und übernahm die Führung dieser noch höchst dürftigen Flottille, deren Boote die weiße Flagge mit dem schwarzen Adler setzten. Damit wurde Stralsund zum Geburtsort der Marine des Königreiches Preußen. Bereits 1816 erfolgte auf der Werft von Joachim Jacob Meyer der Bau eines Kriegsschoners mit Namen STRALSUND, der zwei Jahre später seine erste Ausbildungsreise unternahm. Doch eine lange Karriere als Schulschiff für Preußens schwimmende Wehr war der STRALSUND nicht beschieden. Abgetakelt und abgerüstet moderte der Kahn nach 1821 vor sich hin. Longé bemühte sich zwar sehr um den allmählichen Aufbau der preußischen Marine, doch leider fehlten die nötigen Mittel. Es gab kaum Fachleute und es mangelte der Regierung an Weitsicht und Verständnis für das Seewesen. So dauerte es bis 1841 (!), ehe das wirklich erste Kriegsschiff in Grabow bei Stettin auf Kiel gelegt werden konnte: die Segelkorvette AMAZONE. Sie galt als »Großmutter der Preußischen Marine« und unternahm mehrere Reisen ins Mittelmeer und nach Amerika. Der Kommandant und die Offiziere waren zunächst bezeichnenderweise Dänen! Deutscher Nachwuchs musste erst herangebildet werden. Am 17. August 1827 entschied das preußische Kriegsdepartement, auf der Insel Dänholm ein Marinedepot einzurichten, das für die Instandhaltung und Lagerung der Ausrüstungen aller preußischen Marinefahrzeuge zuständig war. Quasi vis à vis, im Stralsunder Kronhafen, befanden sich auch die Liegeplätze der wenigen Boote und Schiffe Preußens im Schutz der wiederaufgebauten Festung. Schließlich dauerte es noch bis 1850, ehe die offizielle Bildung des Königlich Preußischen Marinedepots auf dem Dänholm erfolgte.

Starker Schub für Werften und Schifffahrt

Das Ende der Befreiungskriege brachte auch für die zivile Schifffahrt Pommerns kräftige Impulse. Eine Preußische Seehandlung, die schon von Friedrich dem Großen gegründet worden war, aber ihre Tätigkeit zur See schließlich hatte aufgeben müssen, wurde 1822 in Stettin neu aktiviert und unternahm mit ihren bis zu neun Schiffen Handelsreisen, teilweise nach Ostasien und Amerika. Darunter waren bemerkenswerterweise sieben Weltumsegelungen! Stark nahm der Postschiffsverkehr von Wittow/Stralsund nach Ystad zu, dank der immer noch engen Beziehungen Stralsunds zum ehemaligen Mutterland Schweden.

Auch Rostock profitierte von der allgemeinen Erholung der Wirtschaft nach Ende der französischen Besetzung. In Rostock wurden 1813 rund 300 einlaufende und genau so viele auslaufende Schiffe gezählt. Nur ein Jahr später schnellten diese Zahlen an die Tausendergrenze.

Ähnlich war die Entwicklung in Wismar. Die Stadt erreichte, nach jahrzehntelanger Stagnation und Bevölkerungsrückgang, 1830 wieder 10 000 Einwohner. Rostock zählte zu dieser Zeit etwas mehr als 25 000 Einwohner. Diese Zahlen belegen ebenfalls den wirtschaftlichen Aufschwung der beiden Städte. Freilich brachte zwischen 1822 und 1828 das so genannte Korngesetz, das England verkündete, den Getreidehandel durch enorm hohe Zölle auf den Nullpunkt. Der Aufwärtstrend setzte sich danach aber fort. Um 1840 registrierte man in Rostock 215 Schiffe, vorwiegend Galeassen, Briggs und Schaluppen. Briggs sind Zweimastschiffe, die voll mit Rahsegeln an beiden Masten und einem Gaffelsegel (Besansegel) am achteren Mast (Großmast) gefahren werden. Ihre Tonnage betrug damals 140 bis 350 BRT. Man unterschied Handelsbriggs von bewaffneten Kriegsbriggs. Diese eleganten Segler wurden auch zum Walfang eingesetzt und waren für weltweite Fahrt geeignet.

Die Schaluppen mit etwa 40 bis 50 Tonnen Tragfähigkeit trugen einfache Segel an einem Mast und wurden als Küstentransporter und auch als Fischereifahrzeuge oder Zollboote genutzt.

Von wirklich einschneidender Bedeutung für den Seehandel waren aber 1847 die Abschaffung des Sundzolls und 1850 die Aufhebung der Navigationsakte, die England zur Zeit Cromwells (1651) verkündet und seither dank der Macht der Royal Navy rigoros durchgesetzt hatte. Nun erst war der Freihandel auf allen Meeren und mit allen Ländern möglich geworden, ohne die für Britanniens Schifffahrt begünstigenden, für alle anderen Seefahrer dagegen beschränkenden Bestimmungen.

Im Aufwind der Industrialisierung

Erste Rauchfahnen in Sicht

Das Zeitalter der Industrialisierung war ja in der Schifffahrt vor allem durch das Aufkommen der Dampfer gekennzeichnet, allerdings in Mecklenburg mit etwas Verspätung.

Das erste Dampfschiff das auf der Warnow erschien, war die in New Castle gebaute ROSTOCK-PACKET. Hunderte Menschen erwarteten am 24. Juni 1834 vormittags im Stadthafen die Ankunft des von einem Wismarer Kapitän geführten Schiffes (ein heimischer hatte sich für die schwierige Überführung vom Firth of Forth nicht gefunden!). Sie wurden Augenzeugen des Beginns eines neuen Zeitalters in der maritimen Geschichte Rostocks – das der Dampfschifffahrt. Viele Rostocker waren begierig darauf, am 29. Juni, als der Verkehr zwischen der Koßfelder Brücke und dem Vorhafen Warnemünde aufgenommen wurde, und in den Monaten danach, mit dem Dampfer auf der Warnow zu schippern oder gar Ausflugsfahrten nach Dänemark, Wismar, Greifswald und Rügen zu unternehmen. Auch auswärtige Gäste faszinierte der fauchende Kahn, der sich mit seinen rotierenden Seitenrädern durchs Wasser wühlte, und sie ließen sich eine Probefahrt nicht nehmen. Der Fürst zu Putbus war so angetan, dass er den »Qualmpott« kaufen wollte, was die Rostocker aber nicht zuließen.

Die ROSTOCK-PACKET bot Platz für 120 Fahrgäste, teils waren bis 180 Passagiere an Bord. Als Service gab es schon eine gastronomische Versorgung und sogar Plätze 1. Klasse und 2. Klasse! So wurde dieser Dampfkahn zum Pionier der Bäderschifffahrt an unserer Küste. Doch die Passagierfahrt brachte wenig Gewinn, zumal der Reiz des Neuen nachließ und gar so viele Gäste noch nicht an die Ostsee kamen. Es dauerte halt etliche Jahrzehnte, ehe sich das Bäderwesen nachhaltig zu entwickeln begann und der Fahrgastbetrieb damit nicht nur in Rostock, sondern auch auf den Bodden- und Haffgewässern und auf der Ostsee lohnenswert wurde. Deshalb erfolgte ein Umbau der

Ein Raddampfer auf der Warnow

Rostock-Packet und ihr Einsatz als Schleppfahrzeug unter dem neuen Namen Stadt Rostock. Damit markierte dieser lütte, historisch bedeutende Dampfer, von dem es aber leider keine authentische Abbildung gibt, auch den Anfang des Schlepper-Dienstes in unserer Region.

Dampfschlepper erwiesen rasch ihre Nützlichkeit. Sie konnten größere Segelschiffe auch bei ungünstigen Winden relativ sicher in den Hafen bringen und ihnen beim Auslaufen assistieren. Schließlich vermochten sie vor der Küste aufgelaufene Schiffe von Untiefen herunterzuziehen. Allerdings entwickelte sich auch das Schlepp-, Bugsier- und Bergungswesen nur schrittweise, entsprechend den technischen Fortschritten, vor allem gegen Ende des 19. Jahrhunderts, es wurde dabei aber immer unentbehrlicherer als maritimer Dienstleistungsbereich.

Nicht in einer Seestadt, sondern in Boizenburg an der Elbe, auf der Werft von Franz Lemm, lief 1840 der erste in Mecklenburg gebaute Raddampfer, die Alexandrine, vom Stapel. Im Personenverkehr auf der Elbe eingesetzt, verkürzte sich damals, als noch die Postkutschen dominierten, die Reisezeit zwischen Hamburg und Boizenburg erheblich. Lemm sorgte dann

1889 für eine weitere Boizenburger Sensation mit der Fertigstellung des ersten deutschen Motorbootes auf Petroleumbasis, der SYSTEM CAPITAINE.

Ein weiterer höchst bemerkenswerter mecklenburgischer Eigenbau-Dampfer verkehrte ab 1845 auf dem Plauer See. Er hieß ALBAN, konstruiert vom wohl bekanntesten und erfolgreichsten Ingenieur des Großherzogtums Ernst Alban, nach dem das Schiff auch benannt war. Es diente der Beförderung von Passagieren, zugleich als Schlepper für Lastkähne und Flöße, transportierte aber auch selbst Frachten. Anstelle der Seitenräder hatte Alban rhythmisch eintauchende Paddel erfunden und angewandt, die »kreisenden Ruder«. Das System setzte sich allerdings nicht durch. Alban selbst hatte den Bau dieses Schiffes als »größtes Wagnis und eine der interessantesten Unternehmungen« seines Lebens bezeichnet. Bedienfehler und Defekte brachten nach zehn Jahren das Ende für den Dampfer.

Schwarz-Rot-Gold und Preußenadler auf See

Am Ende der ersten Hälfte des 19. Jahrhunderts setzte die Revolution von 1848 neue Zeichen. In dieser turbulenten Zeit schwerster innenpolitischer Auseinandersetzungen in Deutschland hoffte das Königreich Dänemark, seine langgehegten Pläne zur Okkupation Schleswigs erfolgreich verwirklichen zu können. Dänemarks Griff nach dem Land zwischen Ost- und Nordsee rief in Deutschland eine Welle heller Empörung hervor. Vor allem wurde die völlige deutsche Ohnmacht zur See schmerzhaft empfunden. So formierte sich eine gesamtdeutsche Bewegung zur Schaffung einer deutschen Bundesflotte. Deren Aufbau auf Beschluss des Frankfurter Paulskirchen-Parlaments ging aber nur halbherzig und unter größten Schwierigkeiten vonstatten. Zwar entstand ein Torso einer Flotte in Bremen, zwar focht ein kleines Geschwader unter Führung des späteren Konteradmirals Karl Rudolf Brommy, am 4. Juni 1849, Achtung gebietend gegen dänische Schiffe vor Helgoland – es war die einzige Fahrt unter schwarz-rot-goldener Flagge –, doch letztlich folgte dem hoffnungsvollen Beginn im Revolutionsjahr rasch ein schmachvolles Ende schon 1852. In der Ostsee konnte diese Flotte nicht wirksam werden. Hier kämpfte, auf sich allein gestellt, die kleine schleswig-holsteinische Flottille mit großer Tapferkeit, aber in aussichtsloser Lage gegen die weit überlegenen gegnerischen Kräfte. Ungestraft blockierten die Dänen die Häfen Mecklenburgs und Preußens, beherrschten die See, beschlagnahmten deutsche Schiffe und bedrohten die Küsten. Die Aufstellung von Küstenbatterien, die Einrichtung eines Beobachtungs- und Alarmierungssystems und die Reduzierung der Fahrwassertonnen, um ein Anlaufen der Häfen ohne Lotsenhilfe zu verhindern, blieben fast die einzigen Maßnahmen zur Küstenverteidigung.

In Swinemünde mobilisierte die preußische Mini-Flotte, die inzwischen unter dem Oberbefehl des marinekompetenten Prinzen Adalbert stand, einige Kanonenschaluppen, und armierte den eisernen Post-Raddampfer ADLER, der als PREUSSISCHER ADLER die weiße Kriegsflagge mit dem schwarzen Adler setzte. Um die dänischen Blockadeschiffe von der Pommerschen Bucht anzugreifen, ging Kommodore Jan Schröder am 26. Juni 1849 mit PREUSSISCHER ADLER in See. Wenige Monate zuvor als erfahrener Seeoffizier von der niederländischen Marine übernommen, war Schröder mit Befehl vom 1. März 1849 eine Art Flottenchef geworden. Er hatte daraufhin intensive Gefechtsübungen, vor allem Artillerieschießen auf Scheiben, im Greifswalder Bodden durchgeführt. Insgesamt standen Preußen im Frühjahr 1849 die Segelkorvette AMAZONE, die zwei Dampfer PREUSSISCHER ADLER und ELISABETH sowie 21 Kanonenschaluppen und sechs Kanonenjollen zur Verfügung, eine wahrlich jämmerlich kleine Streitmacht angesichts der langen Küsten vom Darß bis zur Kurischen Nehrung.

Am Tage nach dem Auslaufen traf PREUSSISCHER ADLER vor Brüster Ort auf den Feind, die dänische Segelbrigg St. CROIX, bewaffnet mit 14 Kanonen. Ein heftiges Artilleriegefecht begann, in dem beide Seiten versuchten, die günstigste Schussposition zu gewinnen. Als aber die dänische Fregatte GALATHEA in

Sicht kam, musste Schröder das Gefecht abbrechen, zumal sein Schiff schon drei Treffer erhalten hatte. Schröder erreichte wieder Swinemünde, wo zunächst die Reparaturen am Schiff erfolgen mussten. Als der dänische Kriegsdampfer HEKLA am 14. Juli vor den Augen der Küstenbewohner, freilich außerhalb der Reichweite der Küstenbatterien, gleich fünf Schiffe, die nach Swinemünde einlaufen wollten, wegnahm, befand sich der kühne »Preußenadler« noch auf der Werft. Die wenigen schwerfälligen Kanonenschaluppen hätten nicht viel ausrichten können. So blieb die Frechheit der HEKLA ungestraft. Am 4. August 1849 gratulierte Preußenkönig Friedrich Wilhelm IV. an Bord von PREUSSISCHER ADLER bei einem allerhöchsten Besuch dem Kommandanten und der Besatzung zur bestandenen Feuertaufe. Doch die ganze Wahrheit lautete, dass Preußen-Deutschland seine Handelsschifffahrt nicht einmal vor den eigenen Haustüren schützen konnte, geschweige denn auf hoher See oder gar an fernen Ufern.

Rostocker Schiffe aus Eisen und Stahl

Im Jahre 1851 erlebte Rostock den in Deutschland erstmaligen Bau eines eisernen Schraubendampfers. Es war eine Sensation und ein technisch verheißungsvolles Beginnen, wenn auch ein Wagnis, als die »Schiffswerft und Maschinenfabrik W. Zeltz und A. Tischbein« den Auftrag für die ERBGROSSHERZOG FRIEDRICH FRANZ und das Schwesterschiff GROSSFÜRST CONSTANTIN übernahm. Schließlich stellten aus Eisen gebaute, mit Dampfmaschinen betriebene Seefahrzeuge ohnehin noch eine Seltenheit auf den Meeren dar und die Schiffsschraube als Vortriebsmittel, an Stelle von Seitenrädern, hatte sich ebenfalls noch keineswegs durchgesetzt. Es gab damals zwar schon viel größere Pötte, doch galten »Erbgroßherzog FF«, wie man den »Schruwendamper« scherzhaft nannte, und sein »russischer Verwandter« mit einer Länge von 40,08 m, einer Breite von 6,09 m und

Seitenriss des ersten eisernen Schraubendampfers ERBGROSSHERZOG
FRIEDRICH FRANZ

einem Tiefgang von 2,11 m als durchaus stattliche Schiffe. Beide waren im Liniendienst zwischen Rostock und St. Petersburg
im Einsatz. Doch machte der Krimkrieg den Fahrten sehr
schnell ein Ende, da britische Fregatten die russischen Häfen
blockierten. Außerdem lief der »Erbgroßherzog« im Juni 1852
vor Gotland auf Grund, wurde geborgen und verkauft. Schließlich sank das Schiff als HARBURG zwei Tage vor Weihnachten
1857 vor der dänischen Küste bei Lemvig. Auch die »Constantin« wurde verkauft und diente als AMSTERDAM noch brav bis
1903, ehe auch sie, nach einer Ramming beim Stapellauf eines
Eisbrechers, auf einer Kieler Werft ihr Ende fand.

Zwei weitere, nun größere eiserne Schraubendampfer von jeweils 55,47 m Länge, die ebenfalls die Namen ERBGROSSHERZOG
FRIEDRICH FRANZ und GROSSFÜRST CONSTANTIN erhielten, sind
1857, ebenfalls bei Tischbein, als Nachfolger erbaut worden.

Meckelbörger Schipper als Kriegsgewinnler

Der 1853 ausgebrochene Krimkrieg, den die Türkei im Bündnis mit Frankreich, England und dem Königreich Sardinien gegen Russland führte, hatte zwar der Dampferlinie Rostock – St. Petersburg ein Ende, der Mecklenburgischen Schifffahrt insgesamt aber einen ungeahnten Aufschwung bereitet. Die Handelsflotten der antirussischen Koalition waren mit dem Nachschub an Truppen, Kriegsgerät und Munition überfordert. Russlands wenige Kauffahrtschiffe blieben in ihren Häfen eingesperrt. Da witterten die geschäftstüchtigen Eigner der Mecklenburger Flotten – in Rostock allein waren rund 250 Schiffe registriert – die große Chance, Gewinne in diesem Krieg zu machen und zwar durch Transporte für beide kriegführende Parteien. Frankreich und England orderten derart viele Frachten, dass faktisch der rollende Einsatz der gecharterten »neutralen« Schiffe erforderlich war. Die Russen benötigten, um ihre eingeschlossene Seefestung Sewastopol zu verteidigen, große Mengen an Waffen, Lebensmitteln, Medikamenten, Verbandszeug und anderes. Zwar waren diese Fahrten als Blockadebrecher sehr gefährlich, weil nicht nur den britischen und französischen Wachschiffen ausgewichen werden musste, sondern obendrein die Sperren der Verteidiger die Einfahrt nach Sewastopol höchst kompliziert und gefährlich gemacht hatten. Das Entladen der Schiffe erfolgte nicht selten im Granatenhagel der alliierten Belagerungsartillerie.

Auf der Rückreise nahmen die Mecklenburger oftmals Verwundete oder sogar Gefallene – vor allem türkische Soldaten – mit, um sie in ihren Heimatländern abzuliefern. Auch das war keineswegs etwa Samariterdienst zum Nulltarif, sondern brachte ebenfalls guten Profit. Insgesamt machten die Rostocker und Wismarer sowie die Fischländer Schiffseigner, Kapitäne und auch die Fahrensleute tolle Geschäfte mit Gewinnen sogar bis zu 250 Prozent. Davon konnten sich einige Kapitäne daheim Häuser bauen lassen oder etwa eine Kneipe einrichten. Die Gaststätte »Zur Krim« am Alten Strom in Warnemünde erinnert noch heute an die Bombengeschäfte von damals. In Rostock gab es bis Ende der 60er Jahre in bester Lage, direkt am Steintor, eine prächtig gehende Wirtschaft, die hieß gar »Zur guten Krim«! Nomen est omen.

Nach Friedensschluss 1856 endete zwar der großartige Boom, doch die bei den Fahrten in die Levanteregion gesammelten nautischen und hydrografischen Erfahrungen, die gewonnenen Kenntnisse von Land, Leuten und regionalen Bedürfnissen sowie die geknüpften Kontakte ließen auch weiterhin annehmbare Geschäfte zu. Rostock und Wismar hatten sich in diesem Fahrtgebiet bestens etabliert. Außerdem standen ja, in der Euphorie des Geldscheffelns rasch gebaute, größere und seetüchtigere Schiffe zur Verfügung.

Der am weitesten verbreitete Schiffstyp in der zweiten Hälfte des 19. Jahrhunderts war die Brigg. Briggs machten fast zwei Drittel des Gesamtbestandes der Rostocker Handelsflotte aus. Zunehmend wurden die größeren Barken in Fahrt gebracht – Dreimastschiffe mit Rahbesegelung am (vorderen) Fockmast und am Großmast sowie Gaffelssegel (Besansegel) am (achteren) Besanmast. Sie bildeten etwa ein Viertel des Schiffsbestandes. Hinzu kamen Galeassen, deren Anzahl sich jedoch kontinuierlich verminderte, sowie Schoner – Schiffe mit Gaffelsegeln an den zwei (mitunter drei) Masten – und einige andere Seglertypen. Dampfer gab es in Rostock bis um 1870 nur einige wenige. Ähnlich sah die Zusammensetzung der (allerdings viel kleineren) Flotten Wismars, Stralsunds und der anderen Küstenorte Mecklenburgs und Vorpommerns aus.

Als dann der amerikanische Sezessionskrieg ausbrach, ergaben sich neue gewinnträchtige Angebote für die mecklenburgischen und preußischen Handelsschiffe. Auch in diesen Jahren von 1861 bis 1864 schädigten sich die kriegführenden Parteien – die Nordstaaten-Flotte und die Südstaaten-Marine – gegenseitig durch Blockade der Häfen und durch Kaperei. Mecklenburger Schiffe unternahmen von 1862 bis 1864 jährlich mehr als 20 Reisen allein nach New York, um den enormen Bedarf des Nordens an kriegswichtigen Gütern decken zu helfen. Aber auch die andere Seite, der Süden, brauchte Waffen, Munition und viele andere Güter. Freilich waren nicht alle Schiffe Rostocks und der anderen Seestädte für die Atlantikfahrt zugelassen. Die meisten Segler hatten ihre Reisegebiete in der Mittelmeer-Region, andere mussten sich auf den Ost- und Nordsee-raum beschränken.

Eigner der vielen Schiffe waren nur in wenigen Fällen Einzelpersonen. Meist handelte es sich um Partenreeder, was bedeutete, dass mehrere Personen – meist Kapitäne und Mitglieder ihrer Familien, Werftbesitzer, Kaufleute – einen Teil der Baukosten eines Schiffes übernahmen, damit zugleich Anteil an den Gewinnen hatten, aber natürlich auch Verluste mittragen mussten. Das Partensystem bestand schon seit dem Ende des Mittelalters. Um die steigenden Baukosten für die größer werdenden und immer moderner ausgestatteten Schiffe zu decken wurden auch Handwerker und Gewerbetreibende verschiedener Branchen, Beamte, Offiziere, Gutsbesitzer und selbst Hochschulprofessoren für die Zeichnung von Anteilen gewonnen, Leute also, die von der Seefahrt nicht viel verstanden. Außerdem gestalteten sich die zum Teil weltweit reichenden Handelsgeschäfte immer komplizierter. So bildete sich das System der Korrespondenzreedereien heraus, Gesellschaften mit einer Geschäftsführung, die den Teilhabern Rechenschaft zu geben hatte.

Bekannte Reeder der Segelschiffszeit waren in Rostock Carl Friedrich Thale, Wilhelm Maack und Helmuth Mentz, in Wismar der Werftbesitzer Johann Christian Marén und nach ihm dessen Söhne Johann Adolph Marén und Johann Joachim Marén, in Barth Wallis & Sohn und W. A. Sarnow, um nur einige wenige zu nennen.

Die Einigungskriege zur See zwischen Trave und Oder

Während in Nordamerika Frieden einkehrte, brauten sich schwere Kriegsgewitter über Europa zusammen. Zunächst begannen 1864 die Auseinandersetzungen mit Dänemark. Die preußische Marine war immer noch klein und schwach. »Unsere Flotte ist nicht in der Lage, der dänischen auf offener See zu begegnen«, urteilte Preußens Generalstabschef Graf Helmuth von Moltke nüchtern. Die Dänen hatten am 1. März 1864 nordwestlich von Rügen das Schraubenlinienschiff SKJOLD, die Schraubenfregatten TORDENSKJOLD und SJÄLLAND sowie die Schraubenkorvetten HEIMDAL und THOR zusammengezogen, um ab 15. März die preußischen Küsten, vor allem Stettin, zu blockieren. Von Swinemünde aus gingen zwei Tage später die gedeckte Korvette ARCONA und die Glattdeckskorvette NYMPHE unter Führung von Kapitän zur See Jachmann als ARCONA-Kommandant und Chef des »Geschwaders« in See, dem sich aus Stralsund kommend der Radaviso LORELEY (schnelles, für die Seeaufklärung bestimmtes Schiff, mit Seitenradantrieb) und eine Kanonenboot-Division anschlossen. Vor Stubbenkammer kam es zum Gefecht, als die vier dänischen Schiffe mit zusammen 179 Kanonen auf die drei preußischen Schiffe mit nur 43 Kanonen trafen. Jachmann griff trotz der klaren Überlegenheit des Gegners an. Er setzte auf die höhere Geschwindigkeit seiner Korvetten und des Avisos und darauf, dass die sieben Dampfkanonenboote, angesichts des ruhigen Wetters und aus der Deckung hinter der Greifswalder Oie hervorstoßend, beim Rückzug seiner drei Schiffe auf die Odermündung erfolgreich eingreifen könnten. Nach heftigem Artillerieduell löste sich Jachmann vom Gegner. Zu ungleich waren die Kräfte. Die Dänen brachen die Verfolgung ab, als die Preußen Swinemünde erreichten. Die Kanonenboote, von der TORDENSKJOLD angegriffen, mussten in den Greifswalder Bodden zurückweichen. Ein Sieg war weder den einen noch den anderen gelungen. Prinz Adalbert aber gratulierte Jachmann »von Herzen zu dem brillanten Angriff gegen dänische Übermacht«. Das habe auch dem Könige »große Freude gemacht«, weshalb dieser Jachmann zum Konteradmiral ernannte. Bemerkenswert der Satz Adalberts: »Durch Ihre kühne Tat ist erst die Preußische Marine fest begründet.« Na, ja. –

Der Prinz selbst wollte ebenfalls »kühne Taten« vollbringen und eilte nach Swinemünde, von wo aus er am 14. April mit dem Aviso GRILLE in See stach. Von zwei dänischen Fregatten angegriffen, musste er sich aber auf den schützenden Hafen zurückziehen.

Am gleichen Tage kam es vor dem Dornbusch zu einem weiteren Treffen, als die TORDENSKJOLD und der bewaffnete Dampfer GEISER auf die das Posthaus Wittow sichernde Kanonenbootsflottille stießen. Eine Stunde lang dauerte der Artilleriekampf, bei dem aber weder hie noch da Treffer erzielt wurden. Adalbert lieferte am 24. April ein weiteres anderthalbstündiges Gefecht mit GRILLE und den Kanonenbooten gegen die Fregatte TORDENSKJOLD, nördlich vom Dornbusch. Der Prinz wollte, seine Geschwindigkeit nutzend und stets knapp außer Reichweite der gegnerischen Geschütze bleibend, den Dänen auf seine unter Land lauernden Kanonenboote ziehen. Doch darauf fiel der nicht herein, sondern brach das Gefecht ab.

Noch einmal kam es vor dem Dornbusch zu einem einstündigen Schusswechsel, als die TORDENSKJOLD und der bewaffnete Dampfer HEKLA am 2. Juli Hiddensee ansteuerten und ihnen die auf Reede Posthaus Wittow liegenden fünf Kanonenboote entgegenliefen. Die Dänen zogen es vor, die freie See zu gewinnen, wogegen die Preußen ihre Ankerplätze wieder einnahmen. Sie hatten ihr Ziel, den Gegner von der eigenen Küste fernzuhalten, erreicht, auch ohne ihn zu schädigen. Das wichtigste Seegefecht dieses Krieges hatte das mit einem Radaviso und zwei Kanonenbooten Preußens verstärkte österreichische Geschwader unter Kommodore Wilhelm von Tegetthoff am 9. Mai vor Helgoland geschlagen. Es endete unentschieden.

Der Krieg Preußens gegen Österreich 1866 war vor allem ein Landkrieg. Die einzige Seeschlacht fand in der Adria statt, wo Admiral Tegetthoff die Flotte des mit Preußen verbündeten Italien entscheidend besiegte. Der nach dem Sieg Preußens im Kampf um die Vorherrschaft in Deutschland entstandene Norddeutsche Bund bildete, vorwiegend aus der preußischen Flotte, eine eigene Kriegsmarine. Sie war im deutsch-französischen Krieg 1870/71 ihrem Gegner zur See noch deutlicher unterlegen als die preußische der dänischen Flotte 1864. Sofort begannen die Franzosen mit der Blockade der deutschen Küsten, auch in der Ostsee. Sie unterließen es jedoch, die Häfen direkt anzugreifen, Küstenorte zu beschießen oder in die Flussmündungen einzulaufen. Am 17. August 1870 kam es zu einem Geplänkel vor Darßer Ort. Eine zu Kriegsbeginn gebildete

Kampfgruppe mit dem Aviso GRILLE und den Kanonenbooten BLITZ, DRACHE und SALAMANDER lag auf Reede Posthaus Wittow in Bereitschaft. GRILLE, unter Führung von Korvettenkapitän Graf von Waldersee, unternahm an diesem Tage eine Aufklärungsfahrt. Gegen Mittag kamen vier Panzerfregatten und eine Korvette des französischen Ostseegeschwaders in Sicht. GRILLE zog sich nach Hiddensee zurück, wo die Kanonenboote warteten. Die Franzosen eröffneten das Feuer. Angesichts deren gewaltiger Überlegenheit gab es für die Deutschen nur die Chance, sich in den Schutz der eigenen, sicheren Boddengewässer zu begeben. Treffer mussten die vier Schiffe nicht hinnehmen, obwohl die Franzosen laut Waldersee »unstreitig gut« geschossen hätten. Zum Glück für die Deutschen aber offensichtlich nicht gut genug. Die Entscheidungen an den Landfronten in Frankreich erließen der Norddeutschen Bundes-Kriegsmarine weitere Kämpfe mit dem übermächtigen Feind in der Ostsee. Die Handelsschifffahrt wurde natürlich durch den Kriegszustand 1864, so auch 1870/71, durch dänische beziehungsweise französische Kaperer und Blockadeschiffe beeinträchtigt. So ist die stolze Bark JOHANNES KEPLER, die bis 1866 vom berühmten Rostocker Kapitän, dem späteren Lotsenkommandanten und Vormann Stepan Jantzen, geführt worden war, 1871 im Mittelmeer von den Franzosen aufgebracht und in Toulon verkauft worden. Unweit Marseille geriet die Schonerbark ELISE VON LOWTZOW einem Kaperer vor die Rohre, wurde beschlagnahmt und ebenfalls verkauft. Doch trotz der Gefahren wagten deutsche Kapitäne auch während der Kriegszeiten Reisen nach Russland, England, ins Mittelmeer oder nach Amerika.

Windjammer-Hoch und Dampfer-Tief

Schon um die Mitte des 19. Jahrhunderts hatte Rostock bezüglich der Anzahl der hier registrierten Schiffe und ihrer Gesamt-Tonnage den ersten Platz unter den deutschen Ostsee-Häfen erreicht und nicht nur Stralsund und Wismar, sondern sogar Lübeck und Danzig überrundet. Zwischen 1850 und 1870 gelang erneut eine rasante Erhöhung des Rostocker Schiffsbestandes von 263 auf 378, bei einer Verdopplung der Tonnage von knapp 50 000 auf mehr als 100 000 Nettoregistertonnen. In Wismar gab es um 1850 nur 50 kleinere Segelschiffe. Der Flottenbestand vergrößerte sich in den folgenden Jahrzehnten nur wenig. Stralsund verzeichnete eine ähnlich steigende Tendenz wie Rostock. Von 100 Schiffen Mitte des Jahrhunderts stieg die Zahl der am Sund beheimateten Segler auf mehr als 200 um 1880. Greifswald konnte in jener Periode ebenfalls mit der Entwicklung der Schifffahrt zufrieden sein. Es gab 1851 immerhin 57 in der Boddenstadt registrierte Schiffe. Die höchste Zahl von 64 Seglern, die 13 Reedern gehörten, war 1865 erreicht worden. Stark wuchsen die Seglerflotten auf dem Fischland und dem Darß. Barth galt zwischen 1850 und 1890 mit 100 bis 180 Schiffen, bei einem Anteil von zehn Prozent des Gesamtbestandes, der Tonnage und des Personals, als eine der bedeutendsten preußischen Seestädte. Größtes Barther Schiff war die Bark Telegraph mit 282 Normallasten (etwa 560 Tonnen). Interessant und des Anmerkens wert ist sicherlich, dass Richard Wagner1839 mit der in Damgarten erbauten Fischländer Galeasse Thetis (171 Tonnen) unter Kapitän H. TH. Zeplin, aus Riga kommend, von Pillau nach England reiste. Dabei erlebte der Komponist mehrere tagelang tobende schwere Stürme, wobei die Galeasse sogar die Grundberührung an einer norwegischen Klippe überstand und zuletzt vor Southwould auf einer Sandbank zu stranden drohte. Diese dreiwöchige abenteuerliche Fahrt inspirierte ihn bekanntlich zu seiner Oper »Der fliegende Holländer«.

In den Küstenorten Rügens waren ebenfalls zahlreiche Schiffe beheimatet. Breege, Wiek und Schaprode hießen die wichtigsten Standorte für 60 Segler im Jahre 1859, denen sich in der Folgezeit bis etwa um 1880 noch eine stattliche Anzahl von mindestens 70 weiteren Schiffen hinzugesellte, wobei es natürlich in diesem Zeitraum auch nicht wenige Verluste durch Untergänge und Strandungen sowie durch Verkäufe und Stilllegungen gab. Größtes Rüganer Schiff war die Saturn, eine in

Stralsund erbaute Bark von 41,36 m Länge, mit einer Tragfähigkeit von 700 Tonnen.

Vom Wachstum der Flotten profitierte vor allem der Schiffbau mit seinen Zulieferern. In wenigen Jahren, von 1849 bis 1853, gründeten sich neun neue Werften an der Warnow. Am Strelasund liefen allein 1863 immerhin 16 Galeassen, Schoner und Briggs vom Stapel. Zahlreiche Schiffsneubauten lieferten auch Werften in Ribnitz, Barth, Damgarten und Greifswald.

Der Aufschwung der Schifffahrt war gewiss nicht nur dank der Kriegsgewinne möglich geworden, sondern auch durch die Erschließung neuer Fahrtgebiete, so nach Südamerika und gar bis nach Ostasien. Nicht unerheblich trug die Tüchtigkeit der mecklenburgischen und vorpommerschen Kapitäne, Steuerleute und Matrosen dazu bei, dass Schiffe unter dem »Vagel Grip«, dem Rostocker Wappentier, und dem schwarzen Adler gefragt waren. Das beruhte nicht nur auf den Traditionen, die in den Seefahrerfamilien und der Küstenbevölkerung stolz gepflegt wurden. Die Erkenntnis, dass Fahrten zu neuen fernen Ufern auch höhere Kenntnisse der Schiffsführer erfordern, hatte zur Gründung von Seefahrts- und Navigationsschulen geführt, so in Grabow bei Stettin 1823, Stralsund 1834, Wustrow 1846 und Rostock 1854. Auf diese Weise erhöhte sich die Zahl der Patentträger unter Kapitänen und Steuerleuten stark.

Die großen Flotten hatten zwar annehmbar gute Häfen in Rostock, Wismar und Stralsund mit den nötigen Schiffbaukapazitäten, aber kein wirtschaftlich starkes Hinterland. Die Industrialisierung ging an Mecklenburg vorbei. Der Getreideexport Mecklenburgs und Pommerns – lange Zeit eine sichere Bank – nahm drastisch ab, nachdem Getreide in großen Mengen aus Südrussland, Kanada und den USA auf dem Weltmarkt billiger angeboten wurde. So suchten Reeder nach Frachten im Ausland. Die ergaben sich beispielsweise in England besonders durch den Export von Kohle, die in Nordeuropa, Russland, in den Mittelmeerländern und selbst in Amerika in immer größeren Mengen benötigt wurde. Aber auch Stückgüter, besonders Maschinen, gingen vorwiegend von britischen Häfen in alle Welt. Aus Südrussland brachten Rostocker und Wismarer Schiffe auf Gegenkurs Getreide nach Westeuropa. Gerade diese

Kohle- und Getreidefahrten waren einträglich. Holz, Häute und Früchte boten sich als weitere lohnende Frachten an.

Die Reichseinigung 1871, der ein ungeahnter Wirtschaftsaufschwung folgte, brachte allerdings gerade den Seestädten Mecklenburgs keineswegs eine weitere Blüte. Sie hinkten der stürmischen ökonomischen Entwicklung Deutschlands hinterher. Nur Stettin gewann als Ostseehafen Berlins, denn die wachsende hauptstädtische Industrie zog einen immer größeren Bedarf an Seetransporten nach sich. Einen großen Vorteil bot die Oder-Anbindung für den Export schlesischer Kohle und Webwaren sowie pommerschen Getreides und den Importen aus Skandinavien und Russland.

Von Rostock, Wismar und Stralsund aus gab es keine Binnenschifffahrtswege, die Landstraßen waren kaum ausgebaut und Eisenbahnanschlüsse bestanden erst ab 1863 von Stralsund nach Anklam – Berlin und 1886 von Rostock und Warnemünde nach Neustrelitz – Berlin. Da half auch der Ausbau der Häfen recht wenig. In Wismar hatte man kontinuierlich den Hafen entwickelt, ohne größeren Effekt zu erzielen.

Höchst negativ wirkten sich die konservativen Haltungen der Reeder, Kaufleute und Stadtoberhäupter auf die Entwicklung der Schifffahrt aus, die Investitionen in den Maschinenbau sowie den Eisen- und Stahlschiffbau und die dringend nötige Modernisierung der Flotte scheuten. Ohne moderne Dampfschiffe waren aber die Mecklenburger Reeder zu einer untergeordneten Rolle in der deutschen Seeschifffahrt verdammt. Um 1870 gab es in Rostock nur sechs Dampfer, die einen lächerlich geringen Anteil von nur 1,7 Prozent am Gesamtumfang der in der Stadt registrierten Schiffe ausmachten. In der Weltseeschifffahrt betrug der Anteil der Dampfertonnage schon 25 Prozent! Um 1895 gab es 33 Dampfer, was auch nur gerade mal etwa die Hälfte der auf rund 50 Schiffe insgesamt geschrumpften Flotte ausmachte. Die Reedereien in Mecklenburg waren halt zu schwach, um die im Vergleich zu einem Segler zehnfach höhere Geldsumme für den Bau eines modernen Dampfschiffes aufwenden zu können.

Der Wismarer Kaufmann und Kapitän Heinrich Podeus bildete dabei eine Ausnahme unter den vor dem Dampfschiff

Schraubendampfer ANNA PODEUS *mit Hilfssegeln. Der Wismarer Werft-*
besitzer und Reeder Podeus war einer von wenigen mecklenburgi-
schen Unternehmern, die auf das Dampfschiff setzten.

zurückschreckenden Reedereien. Der von ihm 1883 in Dienst
gestellte Dampfer WISMAR (786 BRT) unternahm im Mai 1884
eine recht spektakuläre Fernostreise. Sie führte zunächst bis
Wladiwostok und Nikolajewsk, wobei gute Frachtraten und
außerdem noch 8500 Mark Bergelohn für einen aus Seenot
geretteten deutschen Dampfer eingefahren wurden. Im Anschluss war das Schiff unter Kapitän Gornitza recht erfolgreich
zwei Jahre in der chinesischen Küstenfahrt tätig. Die WISMAR
überstand in jener Zeit sogar die Strandung bei einem Taifun
ohne größere Schäden! Wieder daheim, führten Reisen ins
Mittelmeer und in das Weiße Meer. Doch am 17. Dezember
1895 sank das Schiff, das die Besatzung noch verlassen konnte,
in einem Sturm.

Die »Hamburger Börsenhalle« hatte 1888 in einem Beitrag
der Rostocker Flotte, die sich »mit ihrem Ruhm selbst in den
Ruhestand versetzt« habe, ein »dereinst schreckliches Ende«
prophezeit. Darauf musste man jedoch nicht warten, denn es
war zu diesem Zeitpunkt bereits gekommen.

Dabei konnten gerade die Rostocker Werften, allen voran die
von A. Tischbein, aber auch die Holzschiffswerften wie die von
Emil Padderatz auf großartige Leistungen verweisen. Sie hatten
sich mit den im 19. Jahrhundert ausgelieferten fast 200 Barken
und Vollschiffen (Großsegler, mit drei Masten, alle mit Rahse-

Vollschiff »Pampa«, Kapitänsbild, im Besitz des Heimatmuseums Zingst

geln voll getakelt) sowie 275 Briggs einen hervorragenden Ruf erworben. Tischbein, (ab 1872 bis 1890 »Rostocker Actien-Gesellschaft für Schiff- und Maschinenbau«) als Vorreiter der modernen Technik, hatte nicht nur beim Bau der Schraubendampfer auf eiserne Rümpfe gesetzt, sondern 1854 erstmals auch bei der Bark DER ORIENTALE, drei Jahre später bei einer Bark mit Hilfsantrieb, der HERZOGIN MARIE. Die erste stählerne Bark SELENE entstand 1889 bei der »Rostocker Actien-Gesellschaft«, nachdem sich der zwei Jahre zuvor in Dienst gestellte, dort gebaute kleine 500-Tonnen-Frachter RIVAL mit Stahl-Rumpf bewährt hatte. Schließlich erwarb sich das am 9. Mai 1891 bei der »Aktiengesellschaft Neptun, Schiffs- und Maschinenfabrik« (gegr. 1890) unter großer Teilnahme der Rostocker Bevölkerung vom Stapel gelaufene Vollschiff PAMPA als einer der berühmten Flying-P-Liner der Reederei Laeisz Hamburg mit Reisen um Kap Hoorn (teilweise zwischen 61 und 75 Tagen, von Chile bis zum Kanal oder retour) als »die schnelle PAMPA« einen Namen. Indes erwies sich nicht erst beim Stapellauf und der Ausfahrt dieses Schiffes – unter dem Jubel hunderter Warnemünder und Badegäste – das Fahrwasser der Warnow als zu eng, teils zu flach, zu kompliziert und damit für noch größere Schiffe als unbefahrbar.

Rostock war auch in dieser Hinsicht zurückgeblieben. Das zum wirtschaftlich starken Preußen gehörende Stettin überflügelte den Werftstandort Rostock noch vor der Jahrhundertwende. Die Vulcan-Werft wurde ein in Deutschland führendes Unternehmen. Später gewannen auch die Oderwerke an Bedeutung.

In Mecklenburg spielte lediglich die Neptunwerft eine Rolle. Hier gelangen allerdings nur noch wenige spektakuläre Schiffsneubauten. Dazu gehörte das Fracht- und Passagierschiff PRINZ SIGISMUND (Indienststellung 1902), dem man mit seiner 1692 kWh-Antriebsanlage, bei 112 m Länge, eine bedeutend höhere Leistungsfähigkeit als anderen damaligen Schiffen gleicher Art und Größe bescheinigte. Mit 4689 BRT blieb der »schöne Prinz« – sein Erscheinungsbild war elegant und ausgewogen – für lange Zeit das größte bei Neptun gebaute Seefahrzeug, übertroffen lediglich 1913/14 vom ersten Tanker DELPHIN (137,16 m lang) und dem Frachter TOTMES (143,56 m lang), beide mit mehr als 7000 BRT. Selbst bis zum zweiten Weltkrieg blieben alle Neptun-Schiffe unter diesen Größenmarken. Hervorhebenswert ist der Bau der ersten Motorfrachter 1925 HINNOY (4051 BRT) und VESTVARD (4319 BRT) für einen norwegischen Auftraggeber. Es entstanden bis 1939 vorwiegend Frachter der Größenordnung zwischen 1000 und 3000 BRT, wenige kleinere Passagierdampfer, Fischereifahrzeuge und Schlepper.

Die Fischerei zwischen Mittelalter und Industrialisierung

Seit Menschengedenken war die Fischerei immer eine wichtige, ja unverzichtbare Lebensgrundlage für die am Meer, an Flüssen und Seen lebenden Menschen. Für die Hansestädte stellte der Fischfang eine der Quellen des Reichtums dar.

Die im Mitttelalter bekannten Konservierungsarten des Einsalzens (Salzheringe) und des Trocknens von Fischen (Stockfische, Kabeljau und Dorsch) erlaubten es, große Fangmengen

Zeesboot-Regatta auf dem Saaler Bodden. Die auf den Haff- und Bod-
dengewässern heimischen früheren Fischereifahrzeuge dienen heute
nur noch der Erholung und dem Sport.

von dänischen und norwegischen Fischern aufzukaufen und
weiterzuverkaufen. Diese Geschäfte beeinflussten auch die Entwicklung von handwerklichen Gewerben wie denen der Böttcher, Salzer und Packer. Die Böttcher Rostocks waren wohl
besonders angesehen, denn die »Rostocker Heringstonne« galt
in den Ostseestädten als allgemein anerkanntes Handelsmaß.
Die Fischvorkommen an der südlichen und südwestlichen Ostseeküste erwiesen sich ebenfalls als enorm. Der Landesfürst
gestand den Fischern Rostocks, Warnemündes und anderer
Küstenorte sowie den Klöstern Fangrechte zu, die deren wirt-
schaftliche Existenz sicherten. Fisch diente der Eigenversor-
gung und wurde in den Städten und Dörfern der näheren Umgebung zum Frischverzehr oder als Räucherware angeboten.

Jahrhundertelang änderten sich die Fangmethoden kaum.
Man stellte dem Fisch mit Angeln, Korbreusen, Kiemennetzen
(Treibnetzen) und Keschern nach.

Auch die Boote blieben im Prinzip jahrhundertelang unver-
ändert. Es waren zumeist robuste Boote, die gerudert wurden
oder ein Segel trugen. Mitunter taten sich mehrere Fischer in
Bootskommunen zusammen, indem sie gemeinsam ein tüchti-

ges Fahrzeug unterhielten und betrieben. Ein schwedisches Dokument von 1695 weist aus, dass in Saßnitz zu jener Zeit vier Boote existiert hätten, die 13 Fischer nutzten – drei Boote von je drei Mann, ein Boot von vier Fischern.

Im 19. Jahrhundert kam es dank der Industrialisierung zu einem nun sogar explosiven Fortschritt. In der Zeit der napoleonischen Kriege war man dazu übergegangen, Nahrungsmittel für die Armee einzukochen. Ein daraus abgeleitetes Patent führte zur Erfindung der Konservendose, die bereits 1825 zum Haltbarmachen von Fischen genutzt wurde. Weitere zehn Jahre später gelang es, künstliches Eis herzustellen, was eine weitere Voraussetzung für die Entwicklung der Fischwirtschaft bedeutete.

Doch entscheidend war auch im Fischereiwesen vor allem die Einführung der Dampfmaschine. Bis etwa 1880 dominierten noch Segelschiffe in der Seefischerei, wie die anderthalbmastigen Ewer und die ein- oder zweimastigen Kutter-Fahrzeuge, die mehrtägige oder gar mehrwöchige Einsätze erlaubten. Nur für Tagesfahrten eigneten sich die recht kleinen, breit gebauten, mit ein oder zwei kurzen Masten gefahrenen Schaluppen. Daneben gab es viele andere Bootsarten. Erwähnt seien wenigstens die Warnemünder Jolle, ein Anderthalbmaster mit weit vorn stehendem Großmast und dem kleineren Mast etwa mittschiffs, beide mit Sprietsegeln und einem Klüversegel ausgestattet, sowie der Warnowprahm, ein einmastiges Segelfahrzeug mit einfachem Rahsegel. Verbreitet waren die pommerschen Strandboote, geklinkerte, breit gebaute Boote mit einem nach vorn geneigten Mast.

Ein interessantes, ebenfalls an den Küsten Pommerns, speziell auch Rügens, bis ins 20. Jahrhundert verwendetes Fischereifahrzeug war die Quatze (auch Quatz oder Seequatze). Es waren geklinkerte, sehr breit gebaute Boote, die man vielleicht als Fischtanker bezeichnen könnte, denn sie dienten dem Transport von Lebendfisch. In einem speziell abgeteilten fünf bis acht Meter langen Raum des Fahrzeuges, der Bünn, wurden die vor Rügen gefangenen, teils auch in Dänemark, Schweden oder sogar in Finnland und Norwegen aufgekauften Fische, vorwiegend Zander, Barsche, Hechte und Plötze, zu den Märkten von Stralsund, Barth, Greifswald, Stettin, Ueckermünde und Wolgast transportiert. Löcher in der Außenhaut des Bootes gewährleisteten ein ständiges Durchströmen der Bünn mit Seewasser. Die 12 bis 17 m langen und 4 bis 6 m breiten Quatzen hatten einen Pfahlmast mit einem Gaffelsegel und ein bis zwei Vorsegeln.

Bekannt und typisch für die Region Mecklenburgs und Vorpommerns wurde das Zeesenboot (Zeesboot, Zeeskahn), ein breit und relativ schwer gebauter Segler zum Schleppnetzfang auf Zander und Aal. Die etwa zehn Meter langen Boote hatten vorn einen ausladenden Bugspriet und einen ebenso langen Ausleger, den Driftbaum, am Heck. Man fischte mit der Zeese, einem Netz ohne Scherbrett, entweder in Längsrichtung oder verbreitet auch dwars, also mit der Breitseite vor dem Wind treibend. Man unterschied die Zeesboote des Darßer Boddens, mit Gaffelsegel am Großmast und festem Luggersegel am Besanmast, von denen des Stettiner Haffs, die feste Luggersegel an beiden Masten führten.

Diese motorlosen bewährten Boote behaupteten sich noch bis weit ins 20. Jahrhundert. Einige von ihnen sowie ein paar Nachbauten dienen heute noch dem Sport und der Freizeitgestaltung, denn es sind hervorragende Segler.

Als sich das Dampfschiff in Deutschland in der Fischerei durchsetzte, blieben die Fischer in Mecklenburg und Vorpommern einmal mehr in der Entwicklung zurück. Während um 1900 die deutsche Hochseefischerei 100 Dampfer registrierte bei noch 428 Seglern und sich Cuxhaven und Geestemünde zu den bedeutendsten Zentren der Hochseefischerei in Europa mauserten, scheiterten in Rostock und anderen Fischereistandorten wie Saßnitz schon die ersten Ansätze vor der Jahrhundertwende, Dampfer einzuführen oder gar eine Fischerei-Aktiengesellschaft zu gründen, was allerdings erst 1919 versucht worden ist.

Größere Sicherheit durch Leuchtfeuer und Rettungsstationen

Eine wichtige Voraussetzung für die Entwicklung der Schifffahrt war die Befeuerung der Küste, die in Deutschland erst seit Anfang der 40er Jahre des 19. Jahrhunderts durchgängig erfolgte. In Vorpommern, das zum wirtschaftlich starken Preußen gehörte, ging es damit rascher voran als in Mecklenburg. Nach Plänen des berühmten Baumeisters Karl Friedrich Schinkel wurde 1827 auf dem Kap Arkona ein Leuchtturm errichtet. Es gibt ihn immer noch, wenngleich er nicht mehr in Betrieb ist und heute eine Ausstellung sowie ein Standesamt beherbergt. Die weiteren wichtigen Leuchttürme sind in den folgenden Jahrzehnten gebaut worden: Darßer Ort (1848), Greifswalder Oie (1855), Timmendorf (1872), Buk (1878), Dornbusch (1888), Warnemünde (1902). Als der alte kleine »Schinkelturm« nicht mehr den Anforderungen entsprach, stellte man ihm einen entschieden größeren »Bruder« an die Seite. Der schickt seit 1902 sein Licht auf die Ostsee. Die Tragweite des Neuen beträgt 20 Seemeilen, gegenüber den nur sechs Seemeilen, die das Licht des »Lütten« reichte. Am weitesten strahlt das Leuchtfeuer der Greifswalder Oie mit 26 Seemeilen. Heute gibt es an den Küsten Mecklenburgs und Vorpommerns noch zwei weitere Leuchttürme, die in Wustrow und Gollwitz auf der Insel Poel. Als wichtiges Leuchtfeuer in dieser Region wäre auch das von Swinemünde zu nennen. Die Zeiten der alten Leuchtturmwärter sind freilich schon lange vorbei, spätestens seit den 70er Jahren des vorigen Jahrhunderts. Die Befeuerung erfolgt heute automatisch.

Natürlich brachte die Kette moderner Leuchtfeuer, denen noch einige Feuerschiffe (quasi schwimmende Leuchttürme an gefährlichen Stellen), so Adlergrund, Fehmarnbelt und Gedser, und andere Seezeichen wie Baken und verschiedenartige Tonnen zur Markierung von Fahrwassern zugesellt worden waren, eine größere Sicherheit für die Schifffahrt mit sich. Doch Unglücksfälle gerade an der Küste mit ihren Untiefen konnten damit ja keineswegs ausgeschlossen werden und ereigneten sich

Über den Wipfeln des Darßer Urwaldes. Der Leuchtturm Darßer Ort, der zweitälteste an der Küste von M/V, »erstrahlte« erstmals im Dezember 1848.

immer wieder. Die Rettung von verunglückten Seeleuten und die Bergung beschädigter Schiffe galten schon seit Jahrhunderten als christliche Menschenpflicht, und die barbarischen Zeiten, als angeblich sogar Geistliche in Gottesdiensten für einen »reichen Strand« gebetet hatten, weil nach Schiffsuntergängen angespültes Gut den armen Dorfbewohnern an den Küsten ein paar »Gewinne« bescherte, waren längst vorbei.

Wie zuvor bereits in einigen anderen Ländern gründete sich 1865 in Kiel die Deutsche Gesellschaft zur Rettung Schiffbrüchiger (DGzRS). Doch schon vorher waren in Ost- und Westpreußen (Memel 1802!), in Pommern und Mecklenburg Seenotrettungsvereine gebildet und Rettungsstationen eingerichtet worden (Wustrow 1847). Zu Beginn der 1860er Jahre gab es an der Ostee bereits 24 Stationen, darunter zwei in Mecklenburg, ausgestattet teils mit schweren Ruderbooten beziehungsweise Ruder-Segel-Booten, besetzt mit freiwilligen Mannschaften von Fischern und Seeleuten in der Regel unter Führung der örtlichen Lotsen.

Bis 1888 schlossen sich alle regionalen Vereine der Gesellschaft an, die von da an das Rettungswesen an allen deutschen Küsten einheitlich organisierte. Nach und nach stattete man die Stationen mit neuen Geräten aus. Dazu gehörten Ablaufwagen für Boote und Leinenwurfgeräte – Raketen und Mörser –, mit denen man eine Verbindung vom Ufer zu einem Havaristen herstellte, um dann Schiffbrüchige an Land holen zu können.

Kontinuierlich wurden neue Boote eingesetzt, die nicht so leicht kenterten und stabil genug waren, um nicht in der Brandung oder am Wrack eines Havaristen zu zerschellen. Natürlich kamen gegen Ende des 19. Jahrhunderts auch Dampfrettungsboote zum Einsatz und nach 1900 die ersten Motorrettungsboote. Die Station in Warnemünde erhielt das Motorrettungsboot OTTO LUDEWIG, gebaut auf der gleichnamigen Rostocker Werft.

In den ersten 25 Jahren ihres Bestehens bewahrte die DGzRS 1893 Menschen vor dem nassen Tod, bis zum Beginn des ersten Weltkrieges 5971 Personen!

Zu den berühmtesten deutschen Vormännern zählte der Warnemünder Kapitän und Lotsenkommandant Stephan Jantzen. Er rettete in den Jahren 1863 bis 1900 mit seiner Seenot-Mannschaft insgesamt 94 Schiffbrüchige. Legendären Ruf erwarb er sich, als er während der gewaltigen Sturmflut 1872 die Evakuierung von Einwohnern Warnemündes aus gefährdeten Häusern leitete und per Raketenapparat eine sechsköpfige Familie vom Ostufer des Flusses in Sicherheit bringen konnte.

Verheerende Kriegskurse, harte Aufbaujahre

Blaue Brücken über die Ostsee

Einen mächtigen Schub erhielten Schifffahrt, Schiffbau und Marine nach der Reichsgründung 1871, besonders aber seit dem Regierungsantritt des »Flottenkaisers« Wilhelm II.

Symptomatisch dafür war unter anderem die Schaffung von leistungsfähigen Trajektverbindungen von Warnemünde nach Gedser und von Saßnitz nach Trelleborg. Es hatte bereits 1864 begonnen, als man statt der Postsegler, die seit zweihundert Jahren, wenn auch unregelmäßig, zwischen Schweden und Pommern verkehrten und überaus wetterabhängig waren, Dampfschiffe einsetzte. Die OSCAR von schwedischer Seite und

*1900 im Schneesturm vor Stubbenkammer gestrandet – der schwe-
dische Postdampfer Rex*

die unter preußischer Flagge laufende Pommerania, die sich
abwechselten, sicherten die Verbindung zwischen Stralsund
und Ystad. Zwei Jahrzehnte später kam der schwedische Raddampfer Sten Sture auf der Linie Stralsund-Malmö zum Einsatz. Schließlich verkehrten ab Mai 1887 zwei große Salon-
dampfer, die schwedische Rex und die deutsche Imperator, im
Postdampferdienst der neu eingerichteten Route Trelleborg –
Saßnitz. Ab 1899 kamen die Svea und die zwei deutschen
Schiffe Freya und Germania auf dieser sich rasch entwickeln-
den Linie, die kürzer war als die Strecken nach Malmö und
Ystad, in Fahrt. Die Rex ereilte in der Nacht vom 26. auf den
27. Februar 1900 ein schweres Unglück. Sie strandete vor der
Küste Rügens und wurde dabei so schwer beschädigt, dass sie
nicht mehr wieder hergestellt werden konnte und von einem
anderen Schiff, der Nordstjernen, ersetzt werden musste.

Zwischen Rostock-Warnemünde und dem dänischen Nyko-
bing auf Falster verkehrte seit 1873 der moderne Doppelschraubendampfer Rostock. Nach Weiterführung der Eisen-
bahnstrecken bis Gedser, dem südlichsten Punkt auf Falster,
und von Rostock nach Warnemünde übernahmen 1886 die
Postraddampfer Kaiser Wilhelm und König Christian sowie

FREYA den Dienst. Die Reisezeit von Berlin nach Kopenhagen verringerte sich damit von 17 auf 12 Stunden. Doch inzwischen hatte Dänemark bereits demonstriert, dass es möglich ist, ganze Eisenbahnwaggons mit Schiffen über Belte und Sunde zu transportieren.

Das neue Jahrtausend begann mit Entscheidungen in Dänemark und Deutschland auf höchsten Ebenen für den Bau entsprechender Fähranleger und spezieller Eisenbahnfährschiffe. Nach umfangreichen Bauarbeiten in Gedser und Warnemünde wurde diese erste europäische Eisenbahnfährlinie mit glanzvollen Zeremoniells durch Großherzog Friedrich Franz IV. von Mecklenburg-Schwerin und den dänischen König Christian IX. unter Teilnahme zahlreicher Prominenter sowie tausender festlich gestimmter Einwohner Rostocks und Warnemündes am 30. September 1903 eröffnet. Eine neue Epoche der Schiffsverbindungen über die Ostsee hatte begonnen. Die neue Fähre FRIEDRICH FRANZ IV. mit ihren monströsen, in zwei Paaren aufragenden vier Schornsteinen und das Eisenbahn- und Passagierfährschiff MECKLENBURG, das mit nur einem Schornstein entschieden moderner wirkte, sowie von dänischer Seite die PRINCZESSE ALEXANDRINE und PRINS CHRISTIAN leisteten von nun an viele Jahre zuverlässig ihren Dienst, ehe modernere Schiffe sie ablösten.

Der Erfolg dieser Trajektverbindung ermutigte die deutschen und schwedischen Behörden, auch zwischen Trelleborg und Saßnitz eine Eisenbahnfährlinie zu etablieren. Bereits 1891 war die Eisenbahnlinie auf Rügen bis Saßnitz weitergeführt worden. Eine Fähre sorgte schon seit 1883 für das Übersetzen von Waggons von Stralsund nach Altefähr. Die Querung des Strelasunds dauerte eine halbe Stunde. Nach Abschluss der Bauarbeiten an den Fähranlegern in Trelleborg und Saßnitz war es 1909 soweit. Die Stettiner Vulcanwerft lieferte die beiden Eisenbahnfährschiffe DEUTSCHLAND und PREUSSEN aus. Schweden stellte die DROTTNING VICTORIA und die KONUNG GUSTAV V. in Dienst. Etwa 4000 Tonnen Wasserverdrängung und eine Länge von 113 m hatten beide Seiten als identische Vorgaben für alle vier Schiffe vereinbart. Zur Eröffnung der Fährlinie erschienen Kaiser Wilhelm II. und Schwedens König Gustav V. Adolf höchst dero

selbst in Saßnitz. Der Schwede kam mit dem Küstenpanzer-
schiff OSCAR II. und der Deutsche mit seiner Kaiseryacht
HOHENZOLLERN in Begleitung des Kleinen Kreuzers HAMBURG.
Natürlich gab es auch in diesem Falle Salutschüsse, Hymnen,
Reden und Hochrufe. Wie in Saßnitz so gestaltete sich die Erstan-
kunft der DROTTNING VICTORIA und der hohen Gäste in Trelleborg ebenfalls zu einem Jubelfest. Die Teilnahme der beiden
Monarchen an diesen Eröffnungszeremoniells war Anlass, der
neuen Route über die Ostsee den Beinamen »Königslinie« zu
geben. Sie verzeichnete rasch wachsende Güterstrome und
zunehmende Fahrgastzahlen.

Unglücksfälle bei Flottenmanövern und Badefreuden

Für »Wilhelm Zwo« war die Inbetriebnahme der neuen Eisenbahnfährlinie natürlich eine günstige Gelegenheit, sein »großes
Wort« von der Zukunft Deutschlands, die auf dem Wasser liege,
in praxi bestätigt zu sehen, wenigstens zu diesem Teil. Doch
viel mehr lag ihm ja das rasche Wachstum »Seiner«, der Kaiserlichen Marine am Herzen. Die war aber an den Küsten von
Mecklenburg und Vorpommern faktisch nicht zu Hause. Die
Standorte der Schlachtflotte und der Kreuzer befanden sich in
Kiel und Wilhelmshaven, auch im fernen Tsingtau (China,
heute Dalian). Der Marinestandort Stralsund war aufgegeben
worden. Lediglich Swinemünde blieb eine Art Neben- oder Ma-
növerstützpunkt. Allerdings dienten die Pommersche Bucht
und die Arkonasee als »Übungswiese« fahrender Einheiten. Die
Tromper und die Prorer Wieck boten sich dabei als gute, ge-
schützte Ankerplätze an. So fand auch im Spätsommer 1901
ein Manöver im Seegebiet vor Kap Arkona statt. Geübt wurde
die Abwehr feindlicher Schiffe vor der eigenen Küste. Die daran
beteiligten Einheiten hatten zumeist schon ein strammes Alter
auf den Planken. So gehörte zu den mitwirkenden Hauptkräf-
ten das Panzerschiff SACHSEN (Baujahr 1878) mit einem Depla-

Motorrettungsboot der DGzRS Otto Ludewig 1935 im Seegebiet vor Warnemünde

cement von 7368 Tonnen, 91 m lang und 18,4 m breit, übrigens eine der ersten selbständigen, keineswegs überzeugenden Konstruktionen der deutschen Marine, ein ziemlich schwerfälliges Monstrum mit vier Schornsteinen, von den Seelords spöttisch als »Zementfabrik« tituliert. Inzwischen hatten 1897/98 die zügellosen Flottenrüstungen begonnen, um Deutschland in die Reihe der bestimmenden Seemächte zu katapultieren. Die ersten fünf der geplanten Großkampfschiffe waren noch in der Erprobung, weitere fünf Linienschiffe lagen auf den Hellingen, darunter die Mecklenburg mit 12000 Tonnen Wasserverdrängung, die am 1. November 1901 als neueste Einheit vom Stapel laufen sollte. Übungsteilnehmer war auch der Kleine Kreuzer Wacht (Baujahr 1887) mit 1225 Tonnen Wasserverdrängung, Länge 80 m, Breite 9,6 m. Bei einer Annäherung an die Sachsen hatte die Wacht einen Ruderversager – eines der am meisten gefürchteten Defekte, weil dadurch die Steuerbarkeit verloren geht. Die Wacht konnte nicht mehr ausweichen, die träge reagierende Sachsen erst recht nicht. Sie rammte die kleinere Wacht und riss ein riesiges Leck in ihre Außenhaut. Der Kommandant erkannte, dass sein Schiff dem Untergang geweiht war und gab Befehl, alle Mann von Bord zu gehen. Die Besatzung handelte sehr diszipliniert. Es gab keine Panik, kein fehlerhaftes Verhalten, was vom guten Ausbildungsstand der Crew zeugte. Freilich herrschte sehr ruhiges Wetter und zum großen Glück hatte es beim Aufprall der SACHSEN keine Verletzten gegeben. Alle 141 Matrosen und Offiziere wurden gerettet. Heute liegt das Schiff noch immer vor Arkona, in einem Schutzgebiet. Hier kann sie bei geführten Tauchexkursionen besichtigt werden. Wildes Tauchen ist in diesem vom Landesamt für Bodendenkmalpflege und dem Verein für Unterwasserarchäologie Mecklenburg-Vorpommern kontrollierten und überwachten Freiwassermuseum verboten. Auf dem Meeresboden des Areals liegen rund 680 Objekte, die erforscht und gesichert werden.

An einem viel größeren Unglück, das leider zahlreiche Opfer forderte, war die Kaiserliche Marine indirekt »schuldig«: Wieder fanden Manöver in der Ostsee statt. An deren Ende, am Sonntag, den 28. Juli 1912, gingen die Linienschiffe PREUSSEN, POMMERN, HESSEN und SCHLESIEN (alle je 13 200 Tonnen Wasserverdrängung) in der Prorer Wiek vor Anker, in Sichtweite von Binz, der Granitz und Dwasieden. Tausende Urlauber und viele Besucher aus Stralsund und Greifswald waren angereist. Ein besonders großes Gedränge herrschte auf der Binzer Prinz-Heinrich-Seebrücke. Jeder wollte dem Schauspiel so nahe wie möglich sein und einen Platz auf einem der in die Bucht zu Besichtigungsrundfahrten auslaufenden Bäderschiffe oder Fischkutter ergattern. Außerdem brachten Pinassen der Marine Besucher auf die Kampfkolosse. Daran beteiligte sich auch das Fahrgastschiff KRONPRINZ WILHELM (1950 bis 1991 unter dem Namen UNDINE bekannt), das damals für kurze Zeit seinen Heimathafen von Rostock nach Greifswald verlegt hatte.

Am Nachmittag geschah es, als der Dampfer am vorderen Steg der 600 m langen Brücke festmachen wollte: Durch das leichte »Anlehnen« des Schiffes, verstärkt durch den Wellengang, der von den hin und her kutschierenden Pinassen erzeugt wurde, und durch die Überlastung sowie die von mehr als 1000 Menschen auf der Brücke verursachten Schwingungen brach ein tragender Balken. Das Brückenteil stürzte ins Wasser und riss etwa 100 Personen mit. Trotz sofortiger Hilfe durch die

Crew des Bäderschiffes und Matrosen der herbeieilenden Marineboote fanden 17 Menschen den Tod. Harsche Proteste an den folgenden Tagen in Binz und Greifswald, von wo besonders viele Studenten gekommen waren, richteten sich gegen die Behörden, denen vorgeworfen wurde, nicht für genügend Sicherheit gesorgt zu haben.

Die Tragödie führte zur Gründung der Deutschen Lebensrettungs-Gesellschaft (DLRG), die seither in jeder Saison für die Überwachung der deutschen Badestrände sorgt und in den 90 Jahren ihrer Existenz schon Tausende Menschen vor dem Tode des Ertrinkens bewahrt hat.

Überhaupt war die Zeit bis zum Ausbruch des ersten Weltkrieges durch einen Boom des Bäderwesens gekennzeichnet, das sich in den Jahrzehnten vor 1890 nur schleppend entwickelt hatte. Davon profitierte auch die Bäderschiffahrt in bis dahin nicht gekanntem Maße. In Rostock, Stralsund, Stettin, Saßnitz und anderen Orten boten Schiffer und Schifffahrtsgesellschaften Fahrten auf den inneren Gewässern, so von Rostock nach Warnemünde, von Stralsund nach Hiddensee, von Stettin nach Swinemünde, und auf den Bodden an. Immer beliebter wurden die Ausflüge auf die Ostsee, zu den Feuerschiffen, den Kreideküsten von Stubbenkammer und Moen und den Seebrücken, die die größeren Seebäder bald bauen ließen, sowie zu naheliegenden kleinen Häfen. Zu den wichtigsten Reedereien gehörten die Swinemünder Dampfschifffahrts AG und die Saßnitzer Dampfschiffahrtsgesellschaft, die Paul Leßhafft, ein Spediteur und Vertreter der Reederei Braeunlich, initiiert hatte. Diese 1896 gegründete »Stettiner Dampfschiffsgesellschaft J. F. Braeunlich GmbH« entwickelte sich rasch zu einer der bedeutendsten deutschen Fahrgast-Reedereien.

Stark wandelte sich das Gesicht der Küste durch die Verlagerung der wirtschaftlichen Schwerpunkte von den Dörfern an den Haffs, Bodden und Achterwassern, in denen vor allem Fischfang zu Hause war, zu den Ostseestränden, den dort entstehenden Hotels und Kureinrichtungen.

Heringsdorf beispielsweise war eine namenlose Ansiedlung weniger Fischerkaten im Küstenabschnitt des Rittergutes Gothen, das der Königliche Oberforstmeister Georg Bernhard von

Bülow 1817 kaufte. Er wollte hier das Badewesen entwickeln. Im Juni 1820 machte an diesem Strand der preußische König Friedrich Wilhelm III. nebst Begleitung auf einer Kutschfahrt zur Besichtigung der alten Befestigungen von Peenemünde kurz Station. Auf die Frage des Gastgebers, wie er das künftige Seebad nennen solle, schlug Kronprinz Friedrich Wilhelm IV., dem einige Fischer aufgefallen waren, welche ihren Heringsfang entluden, jenen Namen vor, den das Seebad seither trägt. Die attraktive Seebrücke, die am Ende des 19. Jahrhunderts in Heringsdorf entstand, erlaubte Wilhelm II. huldvoll »Kaiser-Wilhelm-Brücke« zu nennen, wobei nicht überliefert ist, ob er damit sich selbst oder seinen Opa Wilhelm I. gemeint hat.

Schiffbau und Schifffahrt im ersten Weltkrieg

Der Krieg auf See und an Land spielte sich 1914/1918 fern der Küstenländer Mecklenburg und Pommern ab. Die Hochseeflotte und alle anderen Hauptkräfte der Kaiserlichen Marine befanden sich in der Nordsee, im Kanal, auf dem Atlantik, im Mittelmeer, anfangs auch im Pazifik im Einsatz.

Das Baltische Meer war Nebenkriegsschauplatz. Hier standen die deutschen Ostseestreitkräfte mit nur wenigen, darunter teils veralteten Schiffeinheiten der russischen Baltischen Flotte gegenüber. Deutscherseits galt es vor allem, feindliche Landungen nicht zuzulassen und den eigenen Schiffsverkehr in der Ostsee zu sichern. Um diese Aufgabe angesichts der langen Küste zwischen Memel und Kiel besser erfüllen zu können wurde Swinemünde Ende 1914 regulärer Marinestützpunkt. Größte deutsche Operationen waren die Landung auf den estnischen Inseln Ösel und Dagö, Mitte Oktober 1917, sowie die Landung eines deutschen Expeditionskorps in Finnland zur Unterstützung der bürgerlichen Kräfte des Landes gegen die von den Bolschewisten gebildete »Arbeiterrepublik« im April 1918. Die russische Flotte verhielt sich während des gesamten

Krieges passiv und beschränkte sich vor allem auf einige Minenlegaktionen. So kam es zu relativ wenigen Kampfhandlungen, die vor allem im Finnischen und im Rigaischen Meerbusen sowie im Gotlandbecken stattfanden. Es sanken im Oktober 1914 der alte Panzerkreuzer FRIEDRICH CARL (9100 t), im August 1915 zwei Torpedoboote und drei Minensucher, im Dezember 1915 der Kleine Kreuzer BREMEN (3300 t) und ein Torpedoboot sowie im November 1916 sieben Torpedoboote durch Minentreffer. Der Minenkreuzer ALBATROS (2200 t) geriet, von einem russischen Panzerkreuzer gejagt, vor der schwedischen Küste auf Grund, wo er bis Kriegsende festlag. Spektakulärster deutscher Verlust war der des Kleinen Kreuzers MAGDEBURG (4570 t), der schon am 26. August 1914 im Finnbusen auf Grund lief und von dem die Russen den geheimen Funk-Code bergen konnten, was der Entente während des Krieges große Vorteile brachte.

Das in die Ostsee eingedrungene britische U-Boot E-8 versenkte am 23. Oktober 1915 westlich von Libau den Panzerkreuzer PRINZ ADALBERT (9100 t), und am 7. November 1915 torpedierte ein zweites englisches U-Boot, die E-19, den Kleinen Kreuzer UNDINE (2700t) nördlich Rügen. Das war alarmierend, trotz der Rettung der Besatzung, weil der Kreuzer den Fähren-Geleitschutz zwischen Saßnitz und Trelleborg zu gewährleisten hatte und so die Bedrohung dieser Route deutlich wurde. Der Schutz der »Königslinie« und die Sicherstellung der kriegswichtigen Erztransporte von Norwegen und Schweden nach Deutschland galten als vorrangig. Das Wrack des Kreuzers wurde übrigens 2003, auf etwa halber Strecke zwischen Saßnitz und Trelleborg liegend, von Tauchern wieder entdeckt.

Der UNDINE-Untergang zwang dazu, die »Sundwache« zu verstärken. Ein Linienschiff, wenn auch keines von den moderneren, lag daher ständig vor dem Ausgang des Sundes, um eindringende gegnerische Kräfte abzufangen. Als Stützpunkt für die auf dieser Vorpostenposition handelnden Schiffe wurde der frühere Postdampfer-Hafen in Warnemünde gewählt, das spätere Werftbecken, in dem heute oft Kreuzfahrtschiffe festmachen. Die Neptunwerft hatte in den Kriegsjahren volle Auftragsbücher. Nach Fertigstellung einiger noch vor Kriegsausbruch georderter Frachter baute die Werft ab 1915 insgesamt 34 Minensucher, zwei Minenprähme und zehn U-Boote. Damit machte das Unternehmen sicher gute Einnahmen, bekam aber vergleichsweise nur ein relativ kleines Stück vom kaiserlich-deutschen Seerüstungskuchen ab. Wichtiges maritimes Rüstungszentrum war, schon ab dem letzten Jahrzehnt vor der Jahrhundertwende, die pommersche Hauptstadt Stettin, die gut geschützt lag und eine so bedeutende Werft wie Vulcan hatte, deren Konstrukteure und Arbeiter über große Erfahrungen im Bau und der Reparatur von Kriegsschiffen aller Größen und Klassen verfügten.

Von den Kriegsereignissen waren auch die Handelsschifffahrt und die Häfen sehr stark betroffen, da England die deutschen Küsten vollständig blockiert hatte. Viele Schiffe wurden im Ausland interniert, andere in Ententeländern beschlagnahmt. Einige sanken in den ersten Kriegswochen. Nur in der Ostsee unternahmen meist kleinere Schiffe Nachschubfahrten für die Ostfront oder Handelstransporte nach den neutralen Häfen von Schweden, Südnorwegen oder Dänemark. Entsprechend gering und weitestgehend auf die Kriegsbedürfnisse abgestimmt war der Umschlag in den deutschen Häfen.

Der Seebäderdienst litt ebenfalls durch die Kriegsereignisse. Einige Schiffe wurden als Hilfsfahrzeuge von der Kaiserlichen Marine gechartert. Darunter der Rostocker Seebäderdampfer KRONPRINZ WILHELM. An die Nordsee »abkommandiert« und in grauem Kleid transportierte das Schiff Mannschaften und Post zwischen den auf Bereitschaftsposition Schillig-Reede liegenden Großkampfschiffen und Wilhelmshaven. Hilfskähne für des Kaisers Flotte wurden noch einige andere Fahrgastschiffe. Noch stärker wirkten sich die Einberufungen wehrtüchtiger junger Männer aus, wodurch die Besetzung der Schiffe nicht mehr gewährleistet war. Obendrein machte sich der zunehmende Mangel an Treibstoff bemerkbar. Doch es kamen ja auch viel weniger Sommerfrischler als in Friedenszeiten an die See.

Die Fischerei erlebte einen nicht minder starken Niedergang. Viele Fischer mussten den Rock des Kaisers anziehen. Mehrtägige Fangreisen in die Nordsee und in die Nähe der russischen Küsten gab es wegen der Gefährdung durch gegnerische Seestreitkräfte oder Minen nicht mehr. Umso wichtiger wurde angesichts der immer katastrophaler werdenden Ernährungslage im Reich die Strandfischerei und die Fangtätigkeit unweit der eigenen Küsten.

Trübe Nachkriegs-Aussichten und erstaunliche Wandlungen

Nach dem verlorenen Krieg 1918 lag Deutschlands maritime Zukunft nicht auf, sondern im Wasser. Die Werften hatten sich allerdings rasch und notgedrungen wieder auf den Bau von Handelsschiffen verlegt. Die Rostocker Neptunwerft konnte fast nahtlos an die Traditionen ihres Frachterbaues anknüpfen. In den zwei Jahrzehnten bis zum Beginn des zweiten Weltkrieges lieferte die Werft mehr als 80 Seefahrzeuge aus, darunter fast 60 Frachter, in der Mehrzahl für Hamburger Reeder. Hervorzuheben ist, dass die UdSSR, auf dem Höhepunkt der Weltwirtschaftskrise, drei Fischdampfer, drei Schlepper und eine Baggerschute bestellte, die 1931/32 ausgeliefert wurden, wodurch Arbeitsplätze erhalten blieben.

Die mecklenburgische Handelsflotte hatte im Kriege die Hälfte ihres Schiffsbestandes eingebüßt. Die Rostocker Flotte verzeichnete 1920, nachdem auch noch einige Schiffe von ihren Reedern verkauft worden waren, weniger als 20 Dampfer. Im Jahrzehnt bis 1930 hatte sich der Bestand zwar wieder mehr als verdoppelt, doch gab es einen relativ großen Anteil an Alttonnage unter den 43 an der Warnow beheimateten Schiffen. August Cords schwang sich, vor allem durch die Anschaffung neuer Schiffe, zum bedeutendsten Rostocker Schifffahrtsunternehmer zwischen den beiden Weltkriegen auf. Vor 1914 rangierten die Reederei F. W. Fischer mit 21 Dampfern und Otto Zelck mit 15 Dampfern noch vor Cords mit zehn Dampfern. Durch die Weltwirtschaftskrise mussten von den bis dahin in Rostock ansässigen noch 17 Reedereien nicht weniger als zehn aufgeben! Cords besaß zwar Mitte der 30er Jahre genauso viele Dampfer wie 1914, nämlich zehn, doch war die Gesamttonnage mit mehr als 14 000 BRT höher als vor dem Kriege mit rund 11 000 BRT.

Die Handelshäfen lagen in der Kriegszeit wirtschaftlich verödet. Sie erholten sich nach 1918 nur mühsam. In Rostock, mit 302 000 Tonnen, wie auch in Wismar, mit 214 000 Tonnen, erreichten die umgeschlagenen Gütermengen bis 1936 nicht einmal den Vorkriegsstand. In beiden Häfen brachten der Umschlag englischer Kohle und von Getreide die besten Gewinne. Rostock erhielt einen modernen Brückenkran am Kohlenkai und ein neues großes Silo. Beide sind heute noch im Stadthafen unübersehbare Wahrzeichen.

Einen Gewinn aus der Niederlage Deutschlands und den Bestimmungen des Versailler Vertrages zog Stettin als Ostseehafen, weil Danzig als Freie Stadt zum polnischen Transithafen geworden war. Von Stettin und seinem Vorhafen Swinemünde aus fuhren auch die meisten Schiffe des neu eingerichteten »Seedienst Ostpreußen«, welche die Verbindung zu der vom Reich getrennten Provinz, unter Umgehung des westpreußischen, zu Polen gehörenden Territoriums, aufrecht erhielten.

Bemerkenswert war die Wandlung der mecklenburgischen Küstenstädte von Zentren des Schiffbaus und der Schifffahrt zu bedeutenden Standorten des Flugzeugbaus und der Luftfahrt. Das nahm schon vor dem ersten Weltkrieg durch die Entwicklung des Flugwesens, speziell auch des Seeflugwesens, seinen Anfang. Da es an der Ostsee keine Tiden gibt und die Haff- und Boddengewässer sowie die Binnenseen gute Möglichkeiten für den Betrieb von Wasserflugzeugen bieten, waren die Küsten Mecklenburgs und Vorpommerns prädestiniert, hier entsprechende Kapazitäten für den Flugzeugbau zu schaffen und Fliegerkräfte der Marine als neue Hilfswaffe des Seekrieges zu stationieren, so auf der Hohen Düne von Warnemünde und auf der Landzunge des Bug auf Rügen. Es waren Basen für Aufklärungsflüge über See und für die Ausbildung von Wasserflug-Piloten. Nach dem Krieg entstanden in Rostock-Marienehe (Heinkel), Rostock-Warnemünde (Arado) und Wismar (Dornier) leistungsfähige Flugzeugwerke, die bald zu Rüstungsschmieden der Luftwaffe emporwuchsen.

Zeppelin über Rostock. Die Seestadt wurde nach dem ersten Welt-krieg auch eine Stadt des Flugzeugbaus und der Luftfahrt.

Die (zivilen) Seeflugwettbewerbe in Heiligendamm 1912 und Warnemünde 1914 und 1926 sowie Rundflüge mit Passagieren trugen stark zur Förderung und Popularisierung des Seeflugwesens bei, das aber schon Ende des zweiten Weltkrieges seine Bedeutung eingebüßt hatte.

Das vielleicht wichtigste Ereignis während der Zwischen-Kriegs-Zeit war der Bau des Rügendammes, der 1936 eingeweiht wurde. Damit verkürzte sich die Reisezeit von Berlin nach Stockholm von fast 23 Stunden auf 19 Stunden, was sehr zur Stärkung und Entwicklung der Königslinie beitrug. Durch dieses Verkehrsobjekt erhielt zugleich das Bäderwesen Rügens einen kräftigen Aufschwung. Der sollte in schier unermessliche Höhen geführt werden, als die NS-Machthaber begannen, ihre Pläne zum Aufbau des Mega-»Kraft durch Freude« (KdF)-Bades in Prora umzusetzen. Auch in Wiek auf Rügen sollte ein KdF-Großbad entstehen.

Dynamisch entwickelten sich die Bäder auf Usedom und das durch den Zusammenschluss der Badeorte Brunshaupten, Fulgen und Arendsee gebildete Ostseebad Kühlungsborn. Völlig neue, Unheil bringende Projekte verwirklichten die Nazis durch den Bau der Heeresversuchsanstalt Peenemünde als Zentrum der Raketenwaffen-Forschung und -Produktion und die Errichtung weiterer Wehrmachts-Dienststellen und Kasernen an der Küste, wie der Flak-Schule (Flak – Abkürzung für Flieger-Abwehr-Kanone) in Rerik, genauer gesagt auf der Halbinsel Wustrow, der Artillerieschule Kühlungsborn, der Flugplätze in Parow und Tarnewitz, und nicht zuletzt durch die Konzentration von Schiffsstammabteilungen in Stralsund. Die Hansestadt wurde damit zur »Matrosenbäckerei« Nr. 1, denn hier erhielten die meisten der einberufenen oder freiwillig dienenden Kriegsmarine-Angehörigen ihren militärischen »Grundschliff«.

Unglücksfälle blieben in dieser Friedensperiode leider ebenfalls nicht aus. Als sich am 26. Juli 1932 über der Mecklenburger Bucht eine schwere Wetterfront zusammengebraut hatte, kenterte das Kriegsmarine-Segelschulschiff NIOBE nach einer starken Fallbö im Fehmarnbelt, wobei 69 junge Seeleute den Tod fanden. Die Crew des Feuerschiffes FEHMARNBELT und weitere Helfer retteten 40 Mann. Dieses tragische Ereignis erschütterte das ganze Land und löste gerade in den Küstengebieten, so auch Mecklenburgs und Pommerns, tiefe Trauer aus.

Weitere Havarien betrafen die Fährschiffe PREUSSEN und DEUTSCHLAND. Sie gerieten 1924 in starkes Treibeis, in dem sie mehrere Wochen feststeckten. Die Fährverbindung nach Schweden musste unterbrochen werden. Noch schlimmer kam es im Eiswinter 1929. Die DEUTSCHLAND strandete am 18. Januar vor der schwedischen Küste. Sie wurde zwar abgeborgen, musste jedoch längere Zeit in die Werft, damit die Schäden behoben werden konnten. Die PREUSSEN geriet ebenfalls in Eismassen und war gezwungen wegen schwerer Beschädigung ihrer Schrauben zu pausieren. Am 10. Dezember 1937 kam die PREUSSEN in einen Schneesturm, der sich zum Orkan auswuchs. Die Sicht sank auf Null und der Sturm trieb das Schiff aus seinem Kurs. Es lief auf die Klippen im Teufelsgrund vor Stubbenkammer und saß dort, nur wenige hundert Meter vom Strand entfernt, fest. Die Besatzung konnte das Schiff verlassen, das erst im Januar 1938 geborgen und abgeschleppt wurde. Eine längere Reparaturzeit blieb nicht aus.

Der zweite Weltkrieg und das schreckliche Ende an der Ostsee

Mit den Salven des Linienschiffes SCHLESWIG-HOLSTEIN auf die Westerplatte, ein kleines Militärlager Polens an der Weichselmündung, begann am 1. September 1939, 04.45 Uhr, der zweite Weltkrieg.

Er sollte an den Küsten Pommerns und Mecklenburgs zu den verheerendsten Folgen ihrer Geschichte führen. Vorerst litten nur die Anderen, die von Deutschland angegriffenen Länder und Völker. Noch ließen die anfänglichen Blitzsiege nicht ahnen, dass die Kriegsfurie einmal über das eigene Land und seine Menschen unbarmherzig hinwegfegen würde. Zunächst zeugten nur einige Sicherungsmaßnahmen in den Häfen und an der Küste, geringe Einschränkungen im Fährverkehr, die Einberufungen junger Männer zur Wehrmacht und die Übernahme geeigneter Seefahrzeuge als Hilfsschiffe der Marine vom Kriegszustand.

Der Warenumschlag in den Häfen änderte sich. Im Vordergrund standen nun Truppentransporte, die Verschiffung von Wehrmachtsausrüstungen, Waffen und anderen kriegswichtigen Gütern, zunächst in Richtung Danzig und Gdynia, das zu deutsch Gdingen hieß und bald den »reinrassigen« germanischen Namen Gotenhafen erhielt. Dann, während der Operation »Weserübung«, dem Überfall auf Dänemark und Norwegen, ging es, nicht zuletzt über die Gedser-Fährlinie, nordwärts. Danach führten die Kurse nach Westen zur Vorbereitung der Operation »Seelöwe«, der geplanten Invasion auf England. Schließlich lagen die Bestimmungshäfen wieder im Osten, etwa Memel, Pillau, dann auch die besetzten baltischen Häfen Libau (Liepaja), Riga und Reval (Tallinn). Zum Schluss gab es nur noch die Parole »ab nach Westen«, auf den Fluchtrouten von der Danziger Bucht und der lettischen Küste zu den Häfen zwischen Swinemünde und Kopenhagen, wo die Leidenswege von zweieinhalb Millionen den Russen entkommenen Flüchtlingen, Verwundeten und Soldaten aus Ost- und Westpreußen und aus dem Kurlandkessel endeten.

Die Handelsschiffe, sofern sie nicht wie im ersten Weltkrieg in fremden Häfen interniert oder konfisziert worden waren, dienten von Kriegsausbruch an ausschließlich den rein militärischen Aufgaben.

Der Fischerei erging es wie schon 1914/18, nur schlimmer. Sehr viele Fangfahrzeuge wurden, mit leichten Waffen bestückt, als Vorpostenboote oder Hilfsminenleger eingesetzt. Wieder war faktisch nur die Küstenfischerei möglich. Und natürlich wurden junge Seeleute und Fischer zur Kriegsmarine, aber auch zu anderen Wehrmachtsteilen einberufen.

Einen raschen Niedergang erlitt das Bäderwesen. In den Seebädern ließen es sich Feriengäste und zunehmend Soldaten der nahen Garnisonen oder »Heimaturlauber« eine Zeit lang noch gut gehen. Kaffeekonzerte, Tanzveranstaltungen und, wenn auch zum Teil eingeschränkt, Schiffsausflüge vermittelten den Eindruck von Normalität. Die Hoffnung auf ein rasches Kriegsende aber trog. Das Flair der Seebäder ging bald verloren. Hotels und Pensionen mussten schließen, in vielen wurden Lazarette eingerichtet, andere nutzte die Wehrmacht als Unterkünfte oder Dienststellen.

Die Werften hatten während der gesamten Kriegszeit voll zu tun. So viel, dass Vulcan in Stettin und Neptun in Rostock nach Einberufungen von Beschäftigten immer mehr Zwangsarbeiter aus den besetzten Ländern, KZ-Häftlinge und Kriegsgefangene einsetzen mussten, um die immer umfangreicheren Neubau- und Reparaturaufträge zu bewältigen.

Die Neptunwerft hatte schon 1938/1939 drei Schnellboot-Begleitschiffe von 2 600 t (TANGA) und 3 600 t (CARL PETERS und ADOLF LÜDERITZ) fertiggestellt. Es folgte 1942 noch eine Einheit etwa gleicher Größe, das Torpedoschulschiff HUGO ZEYE. Ab 1940 begann auch wieder der Bau von Minensuchern (26) und Unterseebooten (10), wie schon im ersten Weltkrieg. Die noch 1945, fünf Minuten vor ultimo, begonnenen Bauten (20 »M-Böcke« und 12 U-Boote) konnten nicht mehr ausgeliefert werden.

Schwer litt der Fährverkehr. Die beiden Fährschiffe SCHWERIN und DEUTSCHLAND erhielten Mitte 1940 ihre »Einberufungsbefehle« zur KM. Mit Artilleriewaffen bestückt und in schlichtem Grau beziehungsweise mit Tarnanstrich versehen, setzten sie als Minenschiffe die Kriegsflagge. Die DEUTSCHLAND erhielt aber einen neuen Namen: STRALSUND. Es wäre kein gutes Omen gewesen, wenn man womöglich hätte vermelden müssen, dass DEUTSCHLAND beim Angriff auf das perfide Albion untergegangen sei. Die Operation »Seelöwe« fiel allerdings aus und so kehrten beide Schiffe zur Reichsbahnreederei zurück, um unter ihren bisherigen Namen auf den angestammten Routen zu verkehren.

Offenbar fürchtete man den Untergang eines Fährschiff nicht?! Die DEUTSCHLAND wurde prompt am 19. Oktober 1942 durch ein sowjetisches U-Boot vor Trelleborg torpediert und stark beschädigt, sank aber nicht. Erst nach einem halben Jahr war sie wieder hergestellt.

Noch schlimmer erging es der SCHWERIN, die, zur Reparatur in der Neptunwerft liegend, bei einem Luftangriff am 20. Februar 1944 zwei Bombentreffer erhielt und mit brennenden Aufbauten im Werfthafen sank.

Auch die schwedischen und dänischen Fährschiffe blieben nicht ungeschoren. Die STARKE lief am 26. Februar 1942 vor Saßnitz auf eine Mine und sank, konnte aber gehoben und wieder repariert werden. Die DANMARK wurde am 17. März 1945 von dänischen Widerstandskämpfern durch eine Sprengung in Gedser selbst versenkt und fiel bis Kriegsende aus.

Schwerste Schäden, die zum Totalverlust führten, erlitt auch der zum Hilfsminensucher umgebaute und auf der Gedser-Route eingesetzte Rostocker Bäderdampfer KRONPRINZ (ex KRONPRINZ WILHELM). Das Schiff lag in Warnemünde, als Maschinen der US-Airforce die Arado-Flugzeugwerke angriffen. Ein Bomben-Volltreffer machte aus der KRONPRINZ ein Wrack. –

Im Siegestaumel 1940 mögen Heinkel und seine Gefolgschaft und wohl manche Rostocker stolz das »Lied der Bombenflieger« mitgesungen haben, das immer wieder im Reichsrundfunk erklang: »Hört ihr die Motoren singen ›ran an den Feind‹? – Bomben, Bomben, Bomben auf En-ge-land!«. Es waren ja vor allem »ihre« He 111, die Standardbomber der Luftwaffe, welche die Angriffe auf London und andere britische Städte flogen. Doch die Luftschlacht über England ging für die »Adler« Hermann Görings verloren und die Briten schlugen zurück. Der erste Luftangriff auf Rostock, im Juni 1940, verlief noch sehr glimpflich. Im September 1941 folgte der zweite bereits stärkere Schlag. Dann aber verwandelten vier schwere Flächenbombardements zwischen dem 23. und 27. April 1942 die Stadt in eine Ruinenlandschaft. Mehr als 200 Tote waren zu beklagen. Und noch zweimal, im Februar und April 1944, war Rostock Ziel von »Terrorangriffen«, wie die Nazipropaganda sie bezeichnete. Erhebliche Schäden hatten die Luftattacken dem Hafen und der Schiffbau- und Flugzeugindustrie Rostocks zugefügt. Wismar und Stralsund blieben in diesem Krieg nicht verschont und erlitten ebenfalls enorme Bombenschäden.

Den schwersten Verlust eines Handelsschiffes auf der Ostsee, vor Ende 1944, verzeichnete die deutsche Zivilflotte durch den Untergang des Truppentransporters und ex-Passagierschiffes GNEISENAU (18 160 BRT) am 2. Mai 1943 vor Gedser, gegenüber Darßer Ort, durch Minentreffer. Truppen befanden sich dabei nicht an Bord. Hier, am Rande der Kadetrinne, ragte aus flachem Wasser noch die Bordwand hervor. Auf ihr errichtete die Marine eine Flakstellung und Flugmeldestation, um die vermehrten Minenabwürfe durch Flugzeuge der Alliierten genauer beobachten und lokalisieren und so der zunehmenden Minengefahr besser begegnen zu können. Da das Wrack jedoch zu zerbersten drohte, was bald auch eintrat, musste die Stellung Anfang 1944 geräumt werden.

Die totale Katastrophe brach schließlich in den letzten Kriegsmonaten über die Schifffahrt herein. Von der großen Fluchtwelle über die Ostsee ab November 1944 waren zunächst vor allem Swinemünde und Saßnitz betroffen, wo Tag für Tag Passagierdampfer, Frachter, Bäderschiffe, Fischerboote und Kriegsschiffe aller Art ihre menschlichen Frachten entluden. Die furchtbarsten Tragödien, die sich vor der pommerschen Küste ereigneten, die Untergänge der Passagierschiffe WILHELM GUSTLOFF (25 484 BRT/5 483 Tote) am 31. Januar, STEUBEN (13 325 BRT/3 000 Tote) am 10. Februar sowie des Frachters GOYA (5230 BRT/7 000 Tote) am 16. April, blieben den Menschen in den Zielhäfen Vorpommerns, Mecklenburgs und Schleswig-Holsteins verborgen oder wurden nur gerüchteweise bekannt, denn die nazistischen Machthaber verbreiteten solche Schreckensmeldungen natürlich nicht. Doch mit dem näher rücken-den Ende häuften sich Horror-Berichte von Zeugen und eigene furchtbare Erlebnisse.

Ab Januar 1945 landeten viele Schiffe mit tausenden Flücht-lingen, Verwundeten und Soldaten auch in Stralsund, Warne-münde und Wismar. Bei einem Luftangriff auf Saßnitz, am 6. März, von fast 200 Flugzeugen gingen auf der Reede das Laza-rettschiff ROBERT MÖHRUNG mit mehr als 500 Verwundeten so-wie der Zerstörer Z-28 und das Flakschiff SOFIA unter. Die HAM-BURG (21200 BRT) sank am folgenden Tag durch einen Minentreffer. Sie hatte ihre »Passagiere« aber vorher schon ent-laden.

Eine Woche später, am 12. März, griffen 700 Bomber der 8. Luftflotte der US Air Force Swinemünde an, wobei tausende Menschen, die sich in der Stadt befanden, starben. Im Hafen und auf Reede sanken sieben Handelsschiffe, darunter als größ-tes die CORDILLIERA (12500 BRT), und zahlreiche kleinere Fahr-zeuge der Kriegsmarine.

Am 3. Mai endete das Linienschiff SCHLESIEN (13200 t) vor Swinemünde nach Bombentreffern. Der Schwere Kreuzer LÜT-ZOW (12000 t) war schon am 16. April in Swinemünde durch mehrere Bomben außer Gefecht gesetzt worden und sank nun durch Selbstsprengung. Der unvollendet gebliebene Flugzeug-träger GRAF ZEPPELIN (23140 t), der getarnt in einem Oderarm lag und vergeblich auf bessere Zeiten gewartet hatte, wurde auf Grund gesetzt.

Am gleichen Tage ereignete sich eine Tragödie in der Lübe-cker Bucht, als nach britischen Bombenangriffen das Passagier-schiff CAP ARKONA (27571 BRT) und der Frachter THIELBECK (2815 BRT) mit mehr als 8000 KZ-Häftlingen an Bord unter-gingen. Am 4. Mai riss der Hilfskreuzer ORION vor Swinemün-de mehr als 1000 Menschen mit sich auf den Meeresgrund.

In diesen letzten Kriegsmonaten fand auch die Hälfte des Vorkriegs-Schiffsbestandes der Cords-Reederei Rostock in den Ostseefluten sein Ende: CARL CORDS (905 BRT), MINNA CORDS (951 BRT), CONSUL CORDS (951 BRT), MARGARETE CORDS (1912 BRT) und HANNA CORDS (1891 BRT). Dabei ertranken ebenfalls viele Menschen. Die anderen Cords-Frachter waren bereits vorher verlorengegangen. August Cords selbst und seine Familie setzten sich noch am 1. Mai, als die Sowjetarmee in Rostock einrückte, per Privatyacht nach Schweden ab. Als Pommernland abgebrannt war und die Rote Armee über die Oder vorstieß, flohen Zehntausende von Swinemünde, Saßnitz, Stralsund und Rostock aus, teils mit Schiffen, noch weiter nach Westen.

Am 9. Mai 1945 schwiegen endlich die Waffen nach fast sechs Kriegsjahren. Die Ostsee war zu einem großen nassen Grab geworden, das Küstenvorfeld zwischen Trave- und Swine-Mündung mit unzähligen Wracks »gespickt«. Die Städte Mecklenburgs und Vorpommerns, mit Ausnahme des kampflos übergebenen Greifswald, lagen verwüstet in Trümmern wie nie zuvor in ihrer Geschichte.

Wracks und Reparationen – ein schwerer Neuanfang

Das Hitlerreich war zusammengebrochen. Der Krieg hatte Millionen Menschen das Leben gekostet, Millionen hatten ihre Heimat verloren. Die materiellen Verluste ließen sich kaum ermessen. Deutschland wurde von den Alliierten verpflichtet, einen Großteil der angerichteten Schäden in den überfallenen Ländern wieder gutzumachen. Die Lasten, die dazu gerade die sowjetische Besatzungszone (SBZ) und die auf ihrem Boden 1949 gebildete Deutsche Demokratische Republik (DDR) zu leisten hatten, waren dabei besonders drückend.

Es begann 1945/46 mit Befehlen der Sowjetischen Militäradministration (SMAD), die der UdSSR zugesprochenen, zumeist schwer beschädigten Schiffe oder gar Wracks zu bergen, zu reparieren und zu übergeben. Dazu erfolgte die Instandsetzung der Neptunwerft, die ursprünglich demontiert werden sollte, aber in den Besitz einer sowjetischen Aktiengesellschaft überging, sowie der Aufbau der späteren Mathias-Thesen-Werft Wismar, der Stralsunder »Ingenieur-Bau GmbH«, aus der die

Sowjetische »Beuteschiffe« im Ausrüstungshafen der Warnowwerft Warnemünde. Rechts die fast fertiggestellte ASIA (ex SIERRA MORENA), links die RUS (ex CORDILLERA) und im Hintergrund die SOWJETSKI SOJUS (ex ILANSA). Im Vordergrund Hebepontons, die für die Bergung der gesunkenen Schiffe eingesetzt wurden. In der Mitte der Schwimmkran »Langer Heinrich«.

Die in der Warnowwerft fertiggestellte SOWJETSKI SOJUS verlässt, von Schleppern assistiert, Rostock mit Kurs Fernost.

Volkswerft hervorging, und der Warnowwerft Warnemünde. Die sowjetische Besatzungsmacht brachte beispielsweise 12 Schiffbauer der Vulcanwerft Stettin, die aus ihrer Stadt vertrieben wurden, nebst 12 LKW, die fünf Drehbänke und andere Werkzeuge und Materialien transportierten, nach Wismar, wo in Hallen der ehemaligen Dornier-Werke und an provisorischen Anlegestellen im Hafen die Schiffsreparaturen begannen. Werftarbeiter aus Königsberg, Elbing, Danzig und Stettin waren auch in Warnemünde als Fachleute gefragt. Ehemalige Flugzeugbauer und Konstrukteure der Heinkel-, Dornier- und Arado-Werke begannen ihre Tätigkeit als Schiffbauer. Nach Rostock brachten die Sowjets mit Zügen ebenfalls einige in den Danziger und Stettiner Werften geborgene Materialien und Geräte. Sie ließen auch den 100-t-Schwimmkran »Langer Heinrich« heranschaffen, der zum Wahrzeichen der Neptunwerft werden sollte und heute als interessantes technisches Denkmal zum Schiffbau- und Schifffahrtsmuseum Rostock gehört.

Zunächst galt es, die Wracks zu bergen – allein schon eine gigantische Aufgabe mit primitivsten technischen Mitteln. Nach und nach gelang es, durch enorme Anstrengungen selbst die größten Schiffe, so die früheren Ozeanriesen HANSA (SOWJETSKI SOJUS), BERLIN (ADMIRAL NACHIMOW), CORDILLERA (RUS), und viele andere – eher Wracks – in die Werften zu bringen und mit den Reparaturen – oft waren es Rekonstruktionen und Modernisierungen, die Neubauten entsprachen – zu beginnen. Als Wahnsinnsaufgabe ergab es sich, die JURI DOLGORUKI, ex HAMBURG, nachdem sie, schon als Passagierschiff wieder hergestellt, vor der Ablieferung stand, auf plötzlichen Wunsch Moskaus hin zu einem Walfangmutterschiff umzubauen! Die Neptunwerft reparierte als Reparationsleistungen 449 Objekte, darunter vier Zerstörer, ein U-Boot-Begleitschiff, ein Schulschiff, um nur die größten zu nennen, dazu zahlreiche andere Kriegs- und Spezialschiffe, vom Schlepper bis zum Kabelleger. Außerdem lieferte die Werft an Reparations-Neubauten 34 Hebeschiffe und 179 Logger! Schiffbau für den eigenen Bedarf oder den Export bis Mitte der 50er Jahre war undenkbar. Eine Ausnahme bildete das Segelschulschiff WILHELM PIECK, die heutige Schonerbrigg GREIF, die unter den damaligen abenteuerlichen Bedingungen des Mangels an Finanzen, Material und Erfahrungen als erstes Stahlschiff und erster Neubau der Warnowwerft 1951 entstand und für die Heranbildung seemännischen Nachwuchses der DDR unverzichtbar wurde.

Die Einführung des sowjetischen Gesellschaftsmodells in der DDR und damit verbundene politische, ideologische und ökonomische Repressionen eines Teils der Bevölkerung, eine nicht zuletzt durch die gewaltigen Reparationslasten verursachte Verschärfung der sozialen Probleme, maßlose Normsteigerungen, fehlende Wohnungen, verschlechterte Versorgung und andere Faktoren führten 1953 zum Aufstand am 17. Juni. In den Küstenstädten beschränkte er sich, angesichts massiver Präsenz der Sowjetarmee und Volkspolizei, die mit bewaffneter Macht die Einhaltung des Ausnahmezustandes sicherten, vor allem auf Arbeitsniederlegungen und Protestversammlungen in den Werften. Mit verschiedenen Maßnahmen, die auf die Unzufriedenheit reagierten, kam es zu einer wirtschaftlichen Erholung. Besonders stark wirkte sich der sowjetische Verzicht auf weitere Reparationsleistungen durch die DDR aus – ebenfalls eine Schlussfolgerung aus den Ursachen, die zum Juni-Aufstand geführt hatten. Somit konnten die Werften nunmehr für eigene Belange produzieren.

Vier Jahrzehnte unter
Hammer, Zirkel, Ährenkranz

Neue Werften, neue Schiffe und ein neuer Hafen

In den Jahrzehnten zwischen 1954 und 1989 absolvierten die sechs Großwerften – Elbewerft Boizenburg, Mathias-Thesen-Werft Wismar (MTW), Warnowwerft Warnemünde, Neptunwerft Rostock, Volkswerft Stralsund und Peenewerft Wolgast – gewaltige Schiffbau-Programme. Boizenburg wurde Produk-

Hochbetrieb im Rostocker Überseehafen in den 1970er Jahren

tionsstätte für Binnenfahrgastschiffe verschiedener Serien. Die MTW spezialisierte sich auf den Bau von See-Fahrgastschiffen, Binnenfahrgastschiffen, Kühlschiffen, Fang- und Verarbeitungsschiffen sowie Eisenbahngüterfähren. Die Neptunwerft lieferte vor allem Frachter bis etwa 10 000 Tonnen und verschiedene Spezialschiffe, darunter drei Eisenbahnfähren. Die Warnowwerft wurde der Schiffbauplatz für Stückgut- und Massengutfrachter bis zu 20 000 Tonnen. Die Volkswerft erwarb sich 1949 bis 1958 den Beinamen Loggerfabrik, als sie eine Großserie von 588 Loggern im Taktverfahren realisierte, was damals weltweit seinesgleichen suchte. Von 1965 bis in die 8oer Jahre lieferte die Volkswerft ihre berühmten Atlantik- und Atlantik-Supertrawler. Die Peenewerft Wolgast, 1948/49 binnen eines Jahres auf SMAD-Befehl faktisch aus dem Boden gestampft, war vor allem die »Schmiede« der Volksmarine. Sie baute Minenräumfahrzeuge, U-Boot-Jäger, Landungsschiffe, Schnellboote und Boote und Schiffe anderer Klassen. Insgesamt lag die DDR-Werftindustrie beim Bau von Fischereifahrzeugen auf dem zweiten beziehungsweise dritten Platz im Weltschiffbau und rangierte beim Bau von Trockenfrachtern zwischen den Plätzen fünf und sieben! –

Die Häfen entwickelten sich ebenfalls rasch. Wismar wurde bis Anfang der 60er Jahre zum wichtigsten Umschlagplatz der DDR. Hier konnte schon 1950 die Millionengrenze übertroffen werden, was weit über allen Umschlagleistungen vor dem zweiten Weltkrieg lag. Doch die sich entwickelnde DDR-Wirtschaft verlangte nach einer entschieden deutlicheren Steigerung der Kapazitäten, um Devisen für den Güterumschlag in der Bundesrepublik oder Polen zu sparen und damit auch in dieser Hinsicht vom Westen unabhängig zu werden.

So kam es zum Bau des Überseehafens Rostock am Breitling. Damit war eine Verbreiterung der Hafeneinfahrt sowie der Bau eines Seekanals und einer neuen 530 m langen Mole verbunden. Die Bevölkerung unterstützte den Hafenbau enthusiastisch durch rund 500 000 freiwillige Aufbaustunden und Spenden von 4,2 Millionen Mark. Das Sammeln von Steinen für die Mole galt als moralische Pflicht, der Zehntausende im ganzen Land entsprachen, was 65 000 Tonnen zusammengetragene Feldsteine bezeugen.

Am 30. April 1960 löschte der auf der Warnowwerft gebaute 10 000-Tonnen-Frachter SCHWERIN als erstes Schiff seine Stückgut-Ladung. Im Weiteren entstanden Kais mit Be- und Entladetechnik und Lagerkapazität für Schüttgüter, Öl, Getreide, Holz, Container und Ro-Ro-Verkehr. Der Hafen erreichte 1989 den Umschlagsrekord von über 20 Millionen Tonnen. Der Bau der Autobahn Berlin – Rostock und der Bau des Hafen-Güterbahnhofs waren Voraussetzungen, um diese Umschlagleistungen zu erreichen.

Der Tanker SCHWARZHEIDE der Deutschen Seereederei Rostock. Die Handelsflotte der DDR verfügte auf dem Höhepunkt ihrer Entwicklung über 200 Schiffe verschiedener Zweckbestimmung und Größe.

Handelsschifffahrt im Aufschwung

Die in der DDR geschaffenen gesellschaftlichen Strukturen schlossen auch die staatliche Organisation der Handelsschifffahrt ein. Deren Anfänge zeigten sich wahrlich mehr als bescheiden. Es begann mit einem veralteten kleinen Dampfer, der JOHANN AHRENS, die 1903 als GRETE CORDS (917 BRT) vom Stapel gelaufen und bei Kriegsende in Wismar auf dem Schiffsfriedhof gelandet war. In der Volkswerft wiederhergestellt, erhielt sie den sehr optimistischen Namen VORWÄRTS und ging am 13. Oktober 1950 als erstes Schiff der neu gegründeten Deutschen Seereederei Rostock (DSR) auf ihre erste Reise nach Klaipeda. Nach knapp vier Jahren hatte die VORWÄRTS endgültig ausgedient. Zwei neue Dampfer, die ROSTOCK und die WISMAR (3300 BRT), wurden als erste Neubauten der DSR in Dienst gestellt. Als dann im Januar 1956 der erste 10000-Tonner der

98

Warnowwerft vom Stapel lief und elf weitere Schiffe dieser berühmten Typ-IV-Serie (Typ »Frieden«, 9427 BRT) für Einsätze nach Fernost und Übersee in Dienst gestellt wurden und Küstenmotorschiffe für den Ostsee- und Nordsee-Verkehr hinzukamen, bedeutete das den endgültigen Durchbruch in der Entwicklung zur Großreederei. Das 5. Typ-IV-Schiff, die DRESDEN, ist seit mehr als 30 Jahren ein gern besuchtes Museumsschiff in Rostock-Schmarl. Eine interessante Episode war der Ankauf von Alttonnage aus verschiedenen Ländern durch die »Steckenpferd-Bewegung«, so bezeichnet nach einem pharmazeutischen Betrieb in Sachsen. Die Belegschaft hatte – natürlich angestoßen durch die SED-Führung – dazu aufgerufen, zusätzliche Devisen durch erhöhte Exportleistungen zu erwirtschaften, um so Schiffe anschaffen zu können. Eines davon erhielt dann den Namen STECKENPFERD.

Im Wesentlichen entwickelte sich die DSR jedoch stetig durch Übernahme immer modernerer Neubauten, wobei gleichzeitig ältere Schiffe ausrangiert wurden. Die Staatsreederei der DDR unterhielt verschiedene Dienste auf 25 bis 30 Linien in alle Welt. Zeitweilig gehörten zur DDR-Handelsflotte 200 Schiffe mit 1,9 Millionen Tonnen Tragfähigkeit. Im Jahre 1989 verzeichnete das Register 161 Schiffe mit einer Gesamttragfähigkeit von 1693073 Tonnen, die in diesem Jahr 14 Millionen Tonnen Güter beförderten.

Noch lange lag nach dem Krieg die traditionelle Fährschifffahrt in Mecklenburg-Vorpommern darnieder. Die Teilung Deutschlands und Beschränkungen durch die sowjetische Besatzungsmacht wirkten sich auf sie höchst negativ aus. Erst 1947 nahmen die dänischen Staatsbahnen mit der DANMARK einseitig wieder Fahrten auf. Vorerst brachte das Schiff deutsche Flüchtlinge, die in Dänemark interniert waren, nach Deutschland zurück. Jahrelang führte die Gedser-Warnemünde-Route ein Schattendasein, auf der das einzige dänische Schiff unregelmäßig den Dienst versah und erst ab 1955 dreimal die Woche mit Kurswagen Berlin-Kopenhagen verkehrte. Es drohte gar die Einstellung der Linie, weil das Aufkommen an Gütern und Fahrgästen von der DDR oder über die DDR nach Dänemark und retour einfach zu gering war. Besonders die Reichsbahn tat sich schwer, zumal die Bundesrepublik und Dänemark die Vogelfluglinie Großenbrode–Gedser, später dann Puttgarden–Rodby einrichteten, die immer größere Bedeutung erlangte. Die dänische Seite wollte aber die traditionelle Verbindung nicht aufgeben. So bestand sie weiter, trotz aller Probleme. Zeitweilig verkehrten sogar statt einer Fähre zwei Bäderschiffe, SEEBAD BINZ und SEEBAD AHLBECK zwischen Warnemünde und Gedser, die zwar Anschluss an Züge aus Berlin oder Kopenhagen hatten, aber eher für den Ausflugsverkehr genutzt wurden. DDR-Bürger, die mitfuhren, durften freilich in Dänemark nicht an Land gehen. Ab 1948 wickelte Schweden, nach einer Übereinkunft mit der sowjetischen Militäradministration, seinen Güterverkehr mit Mitteleuropa über die Strecke Trelleborg – Warnemünde ab. Der Rügendamm war nach Sprengungen durch die Wehrmacht, in letzter Minute vor Kriegsschluss, an zwei Stellen unterbrochen, und Bombentreffer hatten die Saßnitzer Fähranleger in Trümmer gelegt. Erst 1953 konnten daher auf der Saßnitz-Trelleborg-Route wieder Fährschiffe – allerdings erst nur schwedische – verkehren.

Zum 50. Jahrestag der »Königslinie« nahm die auf der Neptunwerft gebaute SASSNITZ den Dienst auf. Mit der ebenfalls von Neptun gelieferten, am 23. Mai 1963 in Dienst gestellten WARNEMÜNDE kam endlich auch auf der Linie nach Gedser wieder ein deutsches Schiff zum Einsatz.

Mit dem Bau der Mauer ergaben sich für die Fähren im Personenverkehr neue starke Einschränkungen, denn DDR-Bürgern waren Fahrten ins kapitalistische Ausland natürlich verwehrt. Der Güterverkehr entwickelte sich aber vor allem von und nach Trelleborg sehr erfolgreich. Neue, größere Schiffe kamen in Fahrt. Von Seiten der Deutschen Reichsbahn waren es neben der SASSNITZ und zeitweilig der WARNEMÜNDE, die STUBBENKAMMER, (1971), die RÜGEN (1971) und die ROSTOCK (1977), von Seiten der Schwedischen Staatsbahnen die TRELLEBORG I (1957), die SKANE (1966), die GÖTALAND (1972) und die SVEALAND (1973) sowie die TRELLEBORG II (1981). Die älteren Schiffe wurden ausrangiert.

Ab 1986 betrieben die DDR und die UdSSR eine neue Linie, die »Brücke der Freundschaft«, zwischen Saßnitz-Mukran und dem litauischen Klaipeda (Memel). Sechs Eisenbahngüterfähren – drei für jede Seite – baute die MTW Wismar. Die Schiffe (11 700 tdw Tragfähigkeit) hatten zwei Ladedecks mit jeweils fünf Gleisen für 103 Breitspur-Waggons, gemäß dem sowjetischen Schienennetz. Das Umspuren von Normal- auf Breitspur beziehungsweise umgekehrt oder das Umladen erfolgte in Mukran, was für die UdSSR vorteilhaft war, der DDR dagegen zusätzliche Probleme bereitete. Diese Linie ist angesichts des stark wachsenden Güteraustausches zwischen beiden Ländern vereinbart worden und um die dabei auch steigenden Transitgebühren an Polen zu vermeiden. Außerdem schien es angebracht, das Territorium des politisch als unsicher geltenden polnischen Verbündeten zu umgehen.

Fischfang auf allen Meeren

Im Jahre 1949 begann der Aufbau einer volkseigenen also staatlichen Fischereiflotte. In Saßnitz entstand ein Fangunternehmen nebst Verarbeitungsbereichen, in Rostock-Marienehe, auf dem Gelände der ehemaligen Heinkelwerke, ein weiteres mit Hafen, Fischhallen und einem Fischverarbeitungswerk. Zunächst fischten die Kutter- und Logger nur in der Ostsee, bald auch in der Nordsee. Doch der Bedarf der Bevölkerung an Fischwaren stieg und so führte der Kurs ab Sommer 1951 »nach Norden in die Barentssee«, wie es in einem seinerzeit populären Lied hieß. Als dieses Gebiet überfischt war, verlegten die Trawler und die Fang- und Verarbeitungsschiffe, wie auch Fischfangflotten anderer Länder, ihre Einsatzgebiete vor Neufundland, Labrador und zur Georgesbank. Die Reisen der Schiffe führten immer weiter, ihre Aufenthaltsdauer auf den Fanggründen wurde kontinuierlich erhöht bis zu zwei Jahren! Um den Fischern zustehende Freizeiten und Urlaub zu gewährleisten, erfolgte ab 1973 der Besatzungsaustausch per »Luftbrücke« von der Heimat zu Häfen nahe der Fanggebiete!

Fischereihafen am Alten Strom in Warnemünde in den 1960er Jahren

Stetig erhöhte sich der Bestand der Hochseefischereiflotte mit immer moderneren Schiffen. Kutter – im Laufe der Zeit waren es weit mehr als 200 – blieben in Saßnitz die bestimmende Schiffsklasse. Ab 1964 gesellten sich dort 16 Frosttrawler und die Kühl- und Transportschiffe GRANITZ und STUBNITZ hinzu. Letzteres ist heute als »Kunst-Raum-Schiff« im Rostocker Stadthafen Domizil der Szene-Kunst. In Marienehe folgten den Kuttern und Loggern der Anfangsjahre die Seitentrawler, später Fang- und Verarbeitungsschiffe mehrerer Typen und Zubringertrawler. Schließlich stellte das Rostocker Kombinat die Transport- und Verarbeitungsschiffe JUNGE WELT und JUNGE GARDE (je 10192 BRT), Supertrawler sowie Kühl- und Transportschiffe, als größtes ROS 321 LICHTENHAGEN (11915 BRT), in Dienst. In den letzten Jahren vor der politischen Wende in der DDR kamen noch sieben Gefriertrawler hinzu. Fischerei-Forschungs- und Hilfsschiffe, darunter als vielleicht bekanntestes die ROBERT KOCH, ergänzten die Flotte. Neuen Forschungsergebnissen oder veränderten Bedingungen entsprechend, wurden effektivere Fangmethoden entwickelt und modernere Fanggeräte verwendet. Die Flottillenfischerei – der Einsatz mehrerer, von einem Transport- und Verarbeitungsschiff geführter Zubringertrawler, die auf See ihre Fänge dem »Flaggschiff« übergaben – erwies sich als besonders erfolgreich und erregte international große Aufmerksamkeit.

Die Küstenfischer, die nach dem Kriege zunächst privat tätig waren, schlossen sich ab Mitte der 50er Jahre, auf staatlichen Druck, aber auch durch verschiedene Fördermaßnahmen unterstützt, zu Fischereigenossenschaften zusammen. Sie übernahmen die in der Gründerzeit von Saßnitz und Marienehe verwendeten 17-m-Holz- und 21-m-Stahlkutter und leisteten einen wichtigen Beitrag zur Sicherung des Aufkommens der Nahrungsgüterwirtschaft am »Silber des Meeres«.

Ein außergewöhnlicher Vorgang war die Gewinnung westdeutscher Kapitäne für die volkseigene Fischfangflotte Anfang der 50er Jahre, als es in Mecklenburg-Vorpommern an erfahrenen Fachleuten des Fischereiwesens mangelte. Einige von ihnen blieben nur für kurze Zeit, doch etliche Fischer aus Cuxhaven, Kiel, Bremerhaven und Hamburg nahmen ihren Wohnsitz in der DDR und erwarben sich große Verdienste um die Hochseefischerei.

Die durch die III. UNO-Seerechtskonferenz getroffenen Festlegungen zur Ausdehnung der ökonomischen Zonen der Küstenstaaten führten in der zweiten Hälfte der 70er Jahre zu grundlegenden Veränderungen der fischereipolitischen Situation. Die Nordsee und angrenzende Fangplätze fielen für die DDR-Fischerei völlig aus, in anderen Gebieten mussten die dort gültigen Bestimmungen und Beschränkungen eingehalten werden. Eine weitere Verlagerung der Fanggebiete bis in den Südatlantik und gar in den Süd- und Nord-Pazifik, Kooperationsbeziehungen sowie Abkommen mit Küstenländern blieben als Auswege.

So bewundernswert die Leistungen der Fischer waren bei monatelanger harter Arbeit in Eis und Schnee oder unter tropischer Sonne – das Fischereiwesen der DDR war und blieb ein Zuschussunternehmen. Dabei steigerten sich die Subventionen, je entfernter die Fangplätze lagen und je schwieriger sich die Fangbedingungen gestalteten, in Milliardenhöhe. Doch SED-Partei- und DDR-Staatsführung hielten an der teuren Flotte fest. Volle Selbstversorgung! Von Fischimporten unabhängig bleiben!

So lautete die von der Furcht bestimmte Parole, die kapitalistischen Länder könnten überhöhte Fischpreise als Erpressungsmittel im Kalten Krieg nutzen. Und die Devisenkassen waren ohnehin stets fast leer!

Seestreitkräfte als Koalitionsflotte im Warschauer Pakt

Ab 1950 begann die DDR den Aufbau von Streitkräften. Aus der Seepolizei – ab 1952 Volkspolizei See – gingen 1956 als Teil der Nationalen Volksarmee die »Seestreitkräfte« hervor. Sie entwickelten sich aus bescheidenen Anfängen mit Patrouillenbooten und Minenräumfahrzeugen zu einer, nach Einschätzungen westlicher Marineexperten, beachtenswerten und ausgewogenen Randmeer-Marine, der bestausgebildeten neben der Sowjetflotte.

Zum Schiffsbestand gehörten in der Endphase der 80er Jahre Kleine Raketenschiffe, Raketen- und Torpedoschnellboote, U-Jagd-Schiffe, Küstenschutzschiffe (kleine Fregatten), Landungsschiffe, Minenabwehrschiffe, ein Schulschiff, Aufklärungsschiffe, Schwimmende Stützpunkte und weitere Hilfsschiffe, disloziert in den Hauptstützpunkten Peenemünde (1. Flottille), Warnemünde Hohe Düne (4. Flottille) und Dranske auf Rügen (6. Flottille). Neben den Schiffskräften gab es ein Küstenraketenregiment (Schwarzenpfost), ein Nachrichtenregiment (Bad Sülze), ein Marine-Hubschraubergeschwader (Stralsund-Parow) und ein Marinefliegergeschwader (Laage), das Kampfschwimmerkommando (Kühlungsborn), ein Bataillon Marinepioniere (Saßnitz-Dwasieden) und ein Bataillon Funkelektronischer Kampf (Böhlendorf), außerdem Lager, Reparaturbasen, Werkstätten und andere Einrichtungen. Als Lehr- und Ausbildungszentren bestanden die Offiziershochschule (Stralsund-Schwedenschanze), die Flottenschule (Stralsund-Parow) und die Schiffstammabteilung (Stralsund-Dänholm). Im Jahre 1960 erhielten die NVA-Seestreitkräfte den Namen »Volksmarine«. In den Anfangsjah-

Torpedoschnellboot der Volksmarine

ren hatte das Freiräumen hunderter Quadratseemeilen der von Minen verseuchten Seegebiete vor der DDR-Küste im Vordergrund gestanden. Diese Aufgabe erfüllten die Minenräumboote und Minenleg- und Räumschiffe in harten Einsätzen vorbildlich und schufen so sichere Wege für die Handelsschifffahrt und die Fischerei. Ab Anfang der 60er Jahre, im Kalten Krieg und dem Spannungsfeld zwischen NATO und Warschauer Pakt, hatte die Volksmarine als Koalitionsflotte gemeinsam mit der Baltischen Flotte der UdSSR und der Polnischen Marine in der Ostsee ihren militärischen Beitrag im Rahmen des Warschauer Paktes zu leisten. In ihrem Selbstverständnis dienten die Volksmarine-Angehörigen damit der Friedenssicherung. Zu den wichtigsten Aufgaben zählte der Vorpostendienst im Fehmarnbelt, um jedwede Bewegung von Schiffen, einschließlich Handelsschiffen, Flugzeugen und Unterseebooten zu kontrollieren. Die westliche Seite errichtete dagegen eine Vorpostenposition in der Danziger Bucht, gegenüber den beiden Hauptstützpunkten der polnischen und der Baltischen Flotte – Oxywie (Oxhöft) und Baltisk (Pillau). Die Begleitung von NATO-Schiffskräften, sobald sie sich in die Ostsee, ostwärts von Fehmarn, bewegten, die U-Boots-Überwachung der Kadetrinne, aber auch Geschwaderfahrten der Vereinten Sozialistischen Ostseeflotten in die Nordsee und das Nordmeer führten nicht selten zu Konfrontationen mit Schiffs- und Fliegerkräften der NATO, die in wenigen Fällen zu Havarien führten, insgesamt jedoch alle glimpflich, also ohne Waffeneinsätze, endeten.

Manöver, zumeist gemeinsam mit der polnischen und sowjetischen Marine in der Pommernbucht und der Mecklenburger Bucht sowie Landungsübungen bei Karlshagen auf Usedom und in der Prorer Wiek bei Prora, im Zusammenwirken mit Land- und Luftstreitkräften, fanden in den rund 35 Jahren seit 1956 mehrfach statt.

Schulschiffsreisen und Flottenbesuche führten Schiffe der Volksmarine vorwiegend in das damalige Leningrad (St. Petersburg) und nach Gdynia, aber auch in schwedische und finnische Häfen sowie ins Mittelmeer, nach Split, Algier, Piräus, Latakia und Tripolis sowie ins Schwarze Meer, nach Sewastopol, Varna und Constanta.

Im Jahre 1989, als sich die Mehrheit der Ostdeutschen für eine Änderung des politischen Systems in der DDR einsetzte, begleitete die Volksmarine im damaligen Ostseebezirk Rostock die friedliche Wende loyal und entsprach damit dem Willen des Volkes. Alle Waffen und Geräte sowie sämtliche Munition wurden trotz schwierigster Bedingungen, vielerlei Unsicherheiten und großer Turbulenzen zu jeder Zeit gesichert und entsprechend der Regierungsweisungen der Konversion zugeführt oder bei der Vereinigung beider deutscher Staaten der Bundesmarine übergeben.

Unverzichtbare Dienste der Schifffahrt

Neben der Handels- und Fischereiflotte sowie der Marine wurde auch eine Technische Flotte aufgebaut mit mehr als 180 Seefahrzeugen unterschiedlicher Zweckbestimmung in den 1970er Jahren. Nach mehreren strukturellen Umgestaltungen und unter verschiedenen Namen firmierend, hatte sich schließ-

Das Seezeichenkontrollboot RANZOW *des Seehydrographischen Dienstes der DDR wurde nach 1990 von der Wasser- und Schifffahrtsdirektion Kiel übernommen und weiterhin im Seezeichenwesen verwendet.*

lich die BBB – Bagger-, Bugsier- und Bergungsreederei – zu einem leistungsstarken Unternehmen entwickelt. Das Kürzel BBB stand für mehrere Betriebsbereiche wie die Baggerei mit Eimerketten-Schwimmbaggern und dem Hopperbagger OSTSEE sowie Klapp- und Spülschuten. Der Bugsierbereich verfügte über 25 Hafen- und Hochseeschlepper beziehungsweise Schlepper/Eisbrecher, darunter das größte BBB-Schiff, der 5 400 PS-Eisbrecher STEPHAN JANTZEN, der noch bis 2004 im Einsatz war. Die BBB führte Schiffs- und Wrackbergungen sowie Unterwasserarbeiten aller Art, auch Tauchereinsätze und Sprengungen und andere Spezialtätigkeiten für die See- und Hafenwirtschaft aus. Dazu standen außer den Schleppeinheiten auch Schwimmkrane, Hebeschiffe, Taucherboote, Stahl- und Gummi-Hebecontainer und andere Fahrzeuge, Geräte und Mittel zur Verfügung. Schließlich oblag das gesamte Lotsenwesen der BBB.

Der Seenotrettungsdienst war in der DDR ebenfalls staatlich organisiert. Er verfügte entlang der 350 km langen Außenküste des damaligen Ostseebezirkes über zwei Seenotkreuzer auf den Stationen Warnemünde und Saßnitz und weitere neun Seenotstationen mit entsprechend ausgerüsteten Motor-Rettungsbooten sowie anderes Gerät.

Der Seehydrografische Dienst (SHD) unterstand, wie auch in einigen anderen Ländern üblich, der Marine und war sowohl für Vermessungsaufgaben, nautische Nachrichten und Handbücher sowie für die Herausgabe von Seekarten als auch das Seezeichen- und Betonnungswesen zuständig. Er nahm also Aufgaben wahr, die in der Bundesrepublik teils dem Bundesamt für Seeschifffahrt und Hydrografie und teils den Wasserstraßenämtern obliegen. Zum Schiffsbestand zählten unter anderem zehn Seezeichenkontrollboote, Tonnenleger, darunter die BUK (654 t) und die DORNBUSCH (1141 t), das Vermessungsschiff CARL FR. GAUSS (445 t) als größte Einheiten sowie weitere Fahrzeuge.

Erholungswesen und Fahrgastschifffahrt

Das Bäderwesen entwickelte sich nach dem Kriege zunächst schleppend, befanden sich doch Hotels und Gaststätten in verwahrlostem Zustand, waren beschädigt oder von Flüchtlingen belegt. Außerdem konnte die Versorgung von Gästen in den ersten Hungerjahren nach 1945 nicht gewährleistet werden. Erst nach und nach entstand so etwas wie ein Touristenbetrieb in den Seebädern.

Da brach 1953 die »Aktion Rose« über Hotels und große Pensionen entlang der gesamten DDR-Ostseeküste herein. Polizeieinheiten besetzten schlagartig die privaten Häuser und führten großangelegte Razzien durch. Ziel war es, unter allen Umständen irgendwelche Nachweise für Gesetzesverstöße, für unerlaubte Spekulationen, Bereicherungen, Steuerhinterziehungen, Hamstertätigkeit und anderes zu finden. Die Besitzer wurden dabei unter fadenscheinigsten Begründungen enteignet. Diese Willkürakte geschahen auf Weisung der SED-Führung, um die Immobilien in »Volkseigentum« überführen zu können und sie dem neu geschaffenen Feriendienst des Freien Deutschen Gewerkschaftsbundes (FDGB) zu übergeben. Die alten, zumeist traditionsreichen Hotels und Pensionen wurden so zu neuen Ferienheimen des FDGB mit neuen »zeitgemäßen« Namen.

Jahrzehntelang genutzt und dabei durchgehend voll besetzt bei fast nur symbolischen Aufenthaltskosten für die Urlauber, sind die Häuser nur ungenügend in Stand gehalten, geschweige rekonstruiert oder modernisiert worden. Bald reichten die Ferienplätze an der Ostsee, angesichts der für DDR-Bürger begrenzten Möglichkeiten des Reisens, insbesondere nach Errichtung der Mauer absolut nicht mehr aus. Viele Großbetriebe schufen sich Campinglager, Bungalowsiedlungen und durch Anbauten an bestehende Ferienhäuser zusätzliche Kapazitäten, die ebenfalls immer rasch ausgeschöpft waren. Es ergaben sich, von Jahr zu Jahr verschärfend, Versorgungs- und Serviceprobleme aller Art, wie fehlende Wäschereikapazitäten, zu geringe sportliche Möglichkeiten oder die ungenügende kulturelle Betreuung. Der Bau neuer Ferienkomplexe wie in Binz auf Rügen oder auf Usedom löste die Schwierigkeiten kaum.

Exklusiv-Ferien auf See boten die Urlauberschiffe VÖLKERFREUNDSCHAFT (ex-STOCKHOLM) und FRITZ HECKERT, ein bald außer Dienst gestellter Neubau, sowie ab 1985 die ARKONA (ex ASTOR, heute als ASTORIA in Fahrt). Doch hatte ja nur ein höchst kleiner Kreis von Urlaubern das große Glück einen Platz an Bord zu ergattern, zumal nach 1961 die Fahrtgebiete stark eingeschränkt waren oder die Schiffe vorzugsweise privilegierten Fahrgästen vorbehalten blieben, etwa hohen Partei- und Staatsfunktionären, Parteivetaranen, Olympiateilnehmern, namhaften Künstlern und Wissenschaftlern und ähnlichen Personenkreisen, und in Charter, mit westlichen Touristen, für Devisen fuhren.

Die »Weiße Flotte« war Ende Oktober 1949 als »Deutsche Schifffahrts- und Umschlagsbetriebs-Zentrale« (DSU) gegründet worden. Ihr oblagen sämtliche Gütertransporte und der Personenverkehr auf den Binnenwasserstraßen der DDR, sofern das mit den wenigen nach dem Krieg übrig gebliebenen Schiffen und Anlagen überhaupt zu schaffen war. Aus diesem Unternehmen ging Anfang 1957 die »Weiße Flotte – VEB Fahrgastschiffahrt« mit Sitz in Stralsund hervor, welche den Auftrag hatte, den gesamten Ausflugs- und Liniendienst entlang der Küste des damaligen Ostseebezirkes zu sichern. Zur neuen staatlichen Reederei gehörten in ihrem Gründungsjahr zehn Fahrgastschiffe. Daneben bestanden mehrere private Reedereien, so die Genossenschaftsreederei Hiddensee GmbH in Vitte, die Fährgesellschaft Gau & Gottschalk, Vitte, die Reederei Hermann Alwert, Wiek/Rügen, der Eigner Kapitän Walter Krusemark, Barth, und die Reederei Paul Hahn in Rostock. Sie und einige weitere Schiffs- und Bootsbesitzer hatten bereits vor 1957, sobald dies nach Kriegsende möglich war, den Personenverkehr, vor allem von und nach den Inseln, aufgenommen.

Die Privatreedereien blieben zunächst auch weiterhin bestehen, wurden jedoch verpflichtet, den Einsatz ihrer Schiffe vertraglich mit der »Weißen Flotte« zu regeln. Die größten »Teilprivaten« – offiziell als »Unternehmen mit staatlicher Beteiligung« geführt – wurden 1975 vollständig in »Volkseigentum« umgewandelt.

Im Laufe der Jahre gliederte die Fahrgastreederei eine Reihe neuer Schiffe in ihren Flottenbestand ein. Das Register der »Weißen Flotte« verzeichnete zwischen 1957 und 1990 insgesamt 66 Schiffe. Zu den größten Einheiten zählten die 1961 in Dienst gestellten Schiffe Seebad Heringsdorf und Seebad Warnemünde, je 43,92 m lang, mit einer Passagierkapazität von 305 Plätzen. Noch mehr Fahrgäste, nämlich bis zu 402, nahm der betagteste Kahn, das schon 1895 als Sedan in Stettin vom Stapel gelaufene und mehrfach umgebaute Motorschiff (ex Doppelschraubendampfer) Deutsch-Sowjetische Freundschaft an Bord. Stark stiegen die Beförderungsleistungen – bis zu 4,7 Millionen Fahrgäste 1989. Auch der Service wurde erhöht. Allerdings bereiteten die ständigen Mangelerscheinungen in der DDR-Wirtschaft viele Probleme, von der Reparatur der Schiffe bis zur Versorgung mit Speisen und Getränken. Die »Weiße Flotte« erweiterte und verdichtete successive ihr Liniennetz. Sie bediente bis zu 84 Fahrtrouten. Einige musste man allerdings auch aufgeben, vor allem wegen verrotteter Anlegestellen, für deren Instandsetzung die Mittel und besonders die Materialien fehlten.

Zu den längsten und interessantesten Ausflugstouren zählten die Reisen »Rund um Rügen« (etwa 100 Seemeilen). Weiterführende Fahrten wie etwa zum Gedser Feuerschiff oder in Seegebiete vor Fehmarn, Moen und Bornholm oder zur Küste von Skane hat man 1961 eingestellt, da Passagiere in einigen Fällen über Bord gejumpt waren, um die nahen Westufer beziehungsweise das dänische Feuerschiff schwimmend zu erreichen. Die Furcht vor Republikfluchten und Schiffsentführungen hat auch dazu geführt, dass die Tragflügelboote TF-10 und »Kometa«, die zeitweilig zum Bestand der »Weißen Flotte« zählten, außerhalb ihrer Einsatzzeit in gut bewachten Häfen liegen mussten. Kein Patrouillenboot hätte die Kufenflitzer einholen können! Die drei »Kometa« mit den phantasielosen Namen Störtebeker I, II und III verkehrten von DDR-Häfen nach Swinemünde und Stettin, die zwei TF-10 von Rostock Kabutzenhof nach Warnemünde. Die Seebad Heringsdorf und Seebad Warnemünde sind mehrfach für längere Perioden in Charter für schwedische Reedereien eingesetzt worden, um Devisen einzufahren.

Auch die »Weiße Flotte« war ein Unternehmen, das nur durch staatliche Subventionen existieren konnte. Als diese ab 1990 auf ein Minimum schrumpften, wurde klar, dass die Reederei mit ihrer zum Teil überalterten Flotte nicht überleben konnte. Ein Zusammenschluss mit der Förde-Reederei Flensburg, im Sommer 1990, rettete die »Weiße Flotte« nicht. Das »Aus« war unvermeidlich.

Schlussakkorde im alten und
Start ins neue Jahrtausend

Politische Wende und ökonomische Umbrüche an der Küste

Die politischen Umbrüche, die zum Untergang der DDR und zu deren Anschluss an die Bundesrepublik Deutschland führten, bedeuteten auch das Ende der Planwirtschaft. Es folgte die Abwicklung der Seeverkehrs- und Hafenwirtschaft und anderer Volkseigener Betriebe und Kombinate sowie von staatlichen Institutionen und Einrichtungen, gleichzeitig die Einführung der Marktwirtschaft und völlig neuer ökonomischer und gesellschaftlicher Verhältnisse und Strukturen, auch im neuen Bundesland Mecklenburg-Vorpommern.

Viele Betriebe brachen zusammen, zeigten sich den neuen Anforderungen nicht gewachsen. Hohe, sich steigernde Arbeitslosigkeit war sofort die Folge. Der politische Wille der in Mecklenburg-Vorpommern zunächst regierenden CDU-FDP-Koalition, wenigstens industrielle Kerne zu erhalten, ließ sich kaum durchsetzen. Lediglich im Schiffbau gelang dies, wenngleich nur mit einem Minimum an Arbeitskräften gegenüber der Vor-Wende-Zeit. Die Kvaerner Warnowwerft und die MTW-Åkerwerft Wismar erlebten, mit den von den neuen Besitzern aufgewendeten hohen Investitionen und beträchtlichen Fördergeldern des Landes und des Bundes, einen gewaltigen Modernisierungsschub. Die Kabelkrananlagen in Warnemünde und in Wismar, die schon zu DDR-Zeiten durch modernere Kransysteme ersetzt werden sollten, was aber wegen fehlender Mittel nicht möglich war, wurden nach 1990 abgebaut. Ein 104 m hoher Bockkran ist jetzt das Wahrzeichen der Warnemünder Werft. Die riesige Schiffbauhalle in Wismar überragt – kilometerweit zu sehen – heute alle Türme der Stadt. Groß-Containerschiffe, das Kreuzfahrtschiff AIDA-AURA und die Nordsee-Bohrplattform STELLE DON waren Meisterstücke dieser Werften. Beide Großwerften haben sich inzwischen zu einem Schiffbau-

Verbund des Åker-Konzerns zusammengeschlossen. Auch die Stralsunder Volkswerft und die Peenewerft Wolgast überlebten grundlegend modernisiert und festigten sich wirtschaftlich.

Die traditionsreiche Neptunwerft starb, weil ihre Lage mitten in Rostock, ungünstige Schienen- und Straßenanbindungen und die starke Überalterung der gesamten Technik nur noch die Aufgabe zuließen. Als neue Produktionsstätte des Meyer-Unternehmens Papenburg, die den Traditionsnamen übernahm, entstand in Warnemünde, neben der Warnowwerft, die Neptun-Industrie GmbH, die unter anderem Flussfahrgastschiffe baut. In Warnemünde wurde auch ein Tochterbetrieb des Motorenherstellers Caterpillar errichtet, nachdem das vor 50 Jahren gegründete Dieselmotorenwerk Rostock aufgehört hatte zu bestehen. Weitere Schiffbau-Zulieferer, wie die Schiffselektronik Rostock, mussten ebenfalls schließen.

Es gründeten sich aber neue Schiff- und Bootsbau-Unternehmen oder gingen aus bestehenden Betrieben beziehungsweise Betriebsteilen hervor. Die Hanse-Yachtwerft Greifswald hat sich in kurzer Zeit einen guten Ruf erworben und exportiert ihre Erzeugnisse weltweit. Die in Rostock-Gehlsdorf angesiedelte Sunsieker-Werft will ab 2005 Mega-Luxus-Yachten bauen. Die Werft in Barth bietet für die Instandsetzung oder Modernisierung von kleineren Schiffen, Sportbooten oder Behördenfahrzeugen einen kompletten Service.

Die Deutsche Seereederei Rostock bestand als Treuhandunternehmen noch bis 1993. Dann folgte die Privatisierung, begleitet von vollmundigen Erklärungen der neuen Besitzer beziehungsweise Vertreter der neuen Eigentümer-Gesellschaften. Doch die großspurigen Voraussagen über die ungeahnten Perspektiven der künftigen Rostocker Seeschifffahrt erfüllten sich nicht. Stattdessen begann der große Ausverkauf der Rostocker Flotte, die seit 1990, mit damals 158 Schiffen, ohnehin schon drastisch abgebaut worden war und nur noch aus 49 modernen Frachtern und Fähren und einem Passagierschiff bestand. Die »Ostsee-Zeitung« stellte am 26. Juli 1997 in einem Beitrag »Von Rostocker Flotte blieb kein Schiff« fest, dass der Ausverkauf der Flotte insgesamt eine halbe Milliarde Mark in die Kassen der neuen Besitzerfirmen habe fließen lassen, wobei die neuesten Containerfrachter der DSR-Amerika-Klasse mit je 33 Millionen Dollar pro Stück besonders einträglich gewesen seien. In dem Maße, wie sich der Schiffsbestand verringerte, seien die Arbeitslosenzahlen in die Höhe geschnellt. Von den 11 200 Beschäftigten 1990 sank die Mitarbeiterzahl 1993 auf 4 000 und 1997 auf 1700. Der Rest der nicht veräußerten Schiffe wurde ausgeflaggt und ist (oder war noch eine Zeit lang) in Monrovia oder anderen Billigflaggen-Häfen registriert. Die in Rostock ansässigen Schifffahrtsunternehmen sind faktisch Verwaltungsholdings oder Bereederungsgesellschaften, also nicht selbst im Besitz von Schiffen, sondern Betreiber von Charterschiffen und Vermittler von seefahrendem Personal. Containerfrachter, Massengutschiffe, Tanker oder Schwerlasttransporter, die am Heck den Namen ROSTOCK ausweisen und als Gösch den »Vagel Grip« führen, gibt es seit 1997/98 nicht mehr. Mag sein, dass durch die zumindest in Aussicht genommene Rückführung von Handels-Tonnage unter die schwarz-rot-goldene Flagge Schiffe auch wieder ihren Heimathafen an der Warnow haben werden. Die DSR-Gruppe etwa, die heute ein Multidienstleister mit fünf Tochterunternehmen ist (Arkona AG, die Hotels und Flusskreuzfahrtschiffe unterhält, Deutsche Immobilien AG, Finanzdienstleister Global Invest, Industrieunternehmen Interschalt AG und Reederei Hansa AG), will zukünftig eigene Schiffe bauen lassen und in Fahrt bringen.

Restloser Abwicklung unterlag auch die BBB. Vor allem war ein holländische Erwerber erpicht darauf, Schlepper, Bergungs- und andere Spezialfahrzeuge in die Hand zu bekommen und sie keiner Konkurrenz zu überlassen. Dabei entwickelte er derart kriminelle Energien, dass ihm ein Strafverfahren drohte. In einer dramatischen Verfolgungsjagd, die Stoff für einen Fernsehkrimi abgeben könnte, gelang es, den Delinquenten zu stellen. Doch selbst auf legalem Wege wäre das Unternehmen wohl in den Grund gesegelt. Auch bei der BBB gab es einen Ausverkauf und Arbeitslosigkeit durch Massenentlassungen.

Die Lotsen schlossen sich nach bundesdeutschem Muster zu Lotsenbruderschaften zusammen und erfüllen seither, zuverlässig und kompetent wie früher, ihren Auftrag. Die anderen BBB-Betriebsteile übernahmen private Eigner oder Gesellschaften

und führen sie teils als Niederlassungen, teils als neue Tochter-
firmen weiter, wobei Fördergelder und eigenes Kapital als Investitionen für Modernisierungen, den Ankauf neuer Fahrzeuge
und anderer moderner Technik genutzt worden sind. Die bekannte Fairplay-Reederei beispielsweise unterhält in Rostock
eine leistungsfähige Schlepperflotte. Nassbaggerungen, Wasser-
bau, Taucherarbeiten, Tankreinigung, Rammarbeiten, Dükerbau,
Seekiesgewinnung und andere Dienste bieten mehrere leis-
tungsstarke Firmen an, die in Rostock, Wismar, Stralsund und
an anderen Orten ansässig sind.

Häfen und Fährschifffahrt im Aufwind

Gut entwickelten sich die Häfen, von denen es im Bundesland
zehn gibt. Dabei ist der Seehafen Rostock natürlich der weitaus
größte und leistungsfähigste, ja, mit 7,5 Mio m^2 Fläche hat Rostock sogar einen der größten Häfen am Baltischen Meer überhaupt.

Der Rostocker Seehafen erlitt einen äußerst empfindlichen
Einbruch des Umschlages nach 1990, dem jedoch ein stetiger
Aufschwung folgte, so dass um die Jahrtausendwende die
Rekordleistungen von Ende der 80er Jahre erreicht und teils
übertroffen werden konnten. Zu den Vorzügen Rostocks zählen
die mit 3,6 Seemeilen sehr kurze und unkomplizierte Zufahrt
von See aus und die günstigen landseitigen Anbindungen durch
die Autobahnen A 19 und A 20, zwei Pipelines sowie die elek-
trifizierten Eisenbahnlinien ins Landesinnere, wozu der Ran-
gierbahnhof mit 180 km Gleislänge und das Schienennetz im
Hafen selbst mit weiteren 70 km gehören. An den fast zehn
Kilometer langen Kais stehen 43 Schiffsliegeplätze für Stück-,
Schütt- und Flüssiggüter, ein Umschlagplatz für Chemikalien,
sechs Fährterminals sowie vier kombinierte Ro-Ro-Container-
terminals zur Verfügung. In den Jahren zwischen 1990 und
2001 flossen annähernd 200 Millionen Euro in die Entwick-

lung der Infrastruktur (geplant sind weitere 55 Mio. bis 2005). Die Hafen-Entwicklungsgesellschaft Rostock (HERO) ist bestrebt, durch den Bau neuer Liegeplätze, den Ausbau der Terminals und die Ansiedlung weiterer Umschlags-, Produktions- und Logistikunternehmen den Rostocker Seehafen zu einem noch attraktiveren Standort für die deutsche und europäische Wirtschaft und zu einem der bedeutendsten Fährhäfen im Ostseeraum zu entwickeln.

Zu den im Hafen ansässigen Unternehmen zählen Makler-, Umschlags-, Speditions- und Logistikfirmen, Lager, wie die Großtanklager Ölhafen Rostock GmbH, Baubetriebe und produzierende Unternehmen, so die KNG Kraftwerksgesellschaft mbH Kraftwerk Rostock. Im Aufbau ist seit 2003 ein Kranbau-Werk des Liebherr-Konzerns.

Der Hafen Wismar als zweitgrößter im Lande hat seine Leistungsfähigkeit ebenfalls erhöht. Voraussetzung dafür waren erhebliche Investitionen, beispielsweise in den Neubau und die Rekonstruktion einer Umschlagsanlage für witterungsempfindliche und umweltsensible Massengüter und die Schaffung spezialisierter Liege- und Umschlagplätze für Säge-, Rund- und Industrieholz sowie Schnittholz und sämtliche Forstnebenprodukte. Der Gesamtumschlag des Hafens erhöhte sich kontinuierlich, überschritt 1994 die Grenze von eineinhalb Millionen Tonnen und erreicht seit 2001 jährlich annähernd 3 Millionen Tonnen.

Nach der Abwicklung des Fischkombinats etablierte sich auf dem Gelände in Rostock-Marienehe die Rostocker Fracht- und Fischereihafen GmbH (RFH). Die vorhandenen Kais und Hafenanlagen, Lager und Werkstätten boten sich förmlich dazu an, hier ein Unternehmen zu schaffen, das nicht nur Umschlagmöglichkeiten bietet, sondern die Ansiedlung der verschiedensten Gewerbe erlaubt. Die Gesamtfläche des Areals beträgt immerhin 52 Hektar. Die mehr als zwei Kilometer langen Kais bieten 20 Liegeplätze für Schiffe bis zu 160 m Länge und einem Tiefgang bis zu 8 m (Schiffe bis zu 5000 Tonnen). Eine gedeckte Lagerfläche von 18 000 m², eine Freilagerfläche von 35 000 m² und eine Kühlhauskapazität von 12 000 t stehen zur Verfügung. Günstig sind die Hinterlandanbindungen per Schiene und Stra-

Die SKANE ist gemeinsam mit der MECKLENBURG-VORPOMMERN (beide Scandlines) die größte Kombifähre auf der Rostock-Trelleborg-Route.

ße, denn bis zu den Autobahnen A 19 und A 20 sind es nur 6 km und das eigene Gleisnetz von 10 km hat Anschluss an das Netz der Deutschen Bahn AG. Im Hafen werden Getreide, Düngemittel, Kies, Steine, Holz, Tiefkühl- und Leichtkühlgut (Fische und Fleisch), aber auch Stückgüter be- und entladen. Die jährliche Umschlagsleistung beträgt rund 700 000 Tonnen. Damit rangiert der RFH an fünfter Stelle der Häfen des Bundeslandes, hinter Stralsund, wo die Schwelle von einer Million Tonnen Umschlag überschritten wird, aber vor Greifswald, Wolgast, Ueckermünde und Anklam. Zu den wichtigsten Unternehmen, die sich in Marienehe angesiedelt haben, zählen das Aus- und Fortbildungszentrum Schifffahrt/Hafen, das Ostsee-Fischerei-Institut und ein Laser-Technologie- und Transferzentrum. Hinzu kommen maritime Service-Anbieter, Metallbau- und Maschinenbau-Firmen, auch kleine und kleinste Unternehmen, insgesamt 130, unterschiedlichster Branchen. Marienehe bietet Liegeplätze für die Schiffe von drei Fischfang-Gesellschaften.

Der Trajektverkehr nahm auf der Ostsee in den letzten zwölf Jahren enorm zu. Marktführer ist die deutsch-dänische Scandli-

Das Fährschiff SUPERFAST *der gleichnamigen Reederei verkehrt zwischen Rostock und dem finnischen Hanko.*

nes-Reederei als Nachfolger der Reichsbahn/Deutsche Bahn AG und durch den Zusammenschluss mit den Dänischen Staatsbahnen. Das Unternehmen wählte Rostock als Sitz der Geschäftsführung ihres deutschen Bereiches. So verkehren von Rostock aus Scandlines-Fähren nach Gedser und nach Trelleborg – auf dieser Route sind die beiden größten Kombifähren MECKLENBURG-VORPOMMERN und SKANE im Einsatz – sowie zum lettischen Hafen Liepaja. Von Saßnitz-Mukran aus unterhält Scandlines die mit der Schwedischen Staatsbahn gemeinsam betriebene Königslinie nach Trelleborg und eine Linie nach Bornholm. Der Fährbetrieb im alten Saßnitzer Hafen wurde eingestellt und nach Mukran verlegt, wo günstigere Bedingungen vorhanden sind. Die bisherige »Brücke der Freundschaft« nach Klaipeda gibt es nicht mehr. Auf dieser Linie und mit den Eisenbahn-Güterfähren haben die sowjetischen Besatzungstruppen bis 1994 vollständig ihren Abzug aus Deutschland durchgeführt. Auf der Route Rostock – Trelleborg verkehrt außerdem die deutsch-schwedische Reederei TT-Line mit Kombifähren und der Schnellfähre DELPHIN, einem Katamaran, der die Distanz in zwei Stunden und fünfundvierzig Minuten durchläuft. Nach Rostock verlegte die Silja-Line mit der FINNJET ihren deutschen Ausgangs- und Endpunkt der Route nach Tallinn und Helsinki. Eine weitere Linie, nach Hanko, bedient die Superfast-Reederei. Es ist der schnellste Weg nach Finnland in 22 Stunden. Eine Direktverbindung nach St. Petersburg über Tallinn richtete Silja 2004 ein.

Marine, Schifffahrtsbehörden und Dienste mit neuer Qualität

Nach Auflösung der DDR-Volksmarine übernahm die Bundesmarine einige der Schiffe und andere Technik. Der Großteil an Schiffen und Booten ist an andere Länder verkauft worden, so an Indonesien und Uruguay. Die Deutsche Marine, wie sie seit der Vereinigung beider deutscher Staaten offiziell heißt, gab mehrere ehemalige Volksmarine-Standorte auf – so Peenemünde, Dranske, Stralsund-Schwedenschanze, Stralsund-Dänholm, Kühlungsborn und weitere. Mit erheblichem Investitionsaufwand ist in Stralsund-Parow die früher in Kiel ansässige Marine-Technikschule als größte Lehranstalt der Deutschen Marine eingerichtet worden. Von Wilhelmshaven nach Rostock verlegten das Marine-Amt und das Marine-Unterstützungskommando. Ebenfalls sehr hohe Investitionen flossen in den Ausbau des Stützpunktes Hohe Düne, den Heimathafen der Schnellbootflottille, mit zwei Geschwadern, dazugehörigen Tendern und einigen anderen Hilfsschiffen.

Auf der Hohen Düne ist auch die Bundesgrenzschutzinspektion See (BGSI See) Warnemünde ansässig. Zwei Schiffe, die BREDSTEDT (BG-21) und ESCHWEGE (BG-26) haben hier ihren Heimatstützpunkt. Weitere Boote der Bundesgrenzschutzämter sind auf den Bodden und Haffgewässern präsent.

Das Bundesamt für Seeschifffahrt und Hydrografie erhielt neben Hamburg seinen zweiten Hauptsitz in Rostock, der in neuen Bauten auf dem Gelände der ehemaligen Neptunwerft

In Warnemünde-Hohe Düne stationiertes Flugkörperschnellboot der Deutschen Marine

eingerichtet wurde. Zur Flotte des BSH gehören Vermessungs-, Forschungs- und Wracksuchschiffe. Von ihnen haben das Vermessungs-und Wracksuchschiff DENEB und das Vermessungsschiff CAPELLA ihren Heimathafen in Rostock.

Eine weitere für die Schifffahrt bedeutsame Behörde ist das Wasser- und Schifffahrtsamt Stralsund (WSA). Es hat, wie es amtlich heißt, für die »Sicherheit und Leichtigkeit« des Schiffsverkehrs auf der Seewasserstraße Ostsee, von Höhe Leuchtturm Buk bis zur polnischen Grenze, und der dem allgemeinen Verkehr dienenden Binnenwasserstraße Peene, von Malchin bis zur Mündung in den Peenestrom, zu sorgen (der Bereich der Wismarbucht gehört zum WSA Lübeck). Dazu muss das Amt die Verkehrswege für die durchgehende Schifffahrt »im Rahmen des Möglichen und des Zumutbaren« durch geeignete Maßnahmen sichern. Die Unterhaltung und Überwachung der Wasserstraßen, gegebenenfalls deren Ausbau, die Beseitigung von Hindernissen, die eine Gefährdung der Schifffahrt darstellen können, das gesamte Seezeichenwesen, der Eisdienst, die Bekämpfung von Ölunfällen und andere Aufgaben des Umweltschutzes hängen damit zusammen. Das Stralsunder WSA ist für

Fahrwasser mit einer Länge von 805 km, Molen mit einer Gesamtlänge von 9 km und weitere Bauwerke sowie für das Aussetzen oder Einziehen und die Kontrolle von rund 150 festen Seezeichen (Baken) und 1200 schwimmenden Seezeichen (Tonnen) zuständig. Zur WSA-Flotte gehören vier Seezeichenkontrollboote, ein Tonnenleger, ein Peilschiff, zwei Eisbrecher und einige andere Spezialfahrzeuge.

Die größten Herausforderungen stellten sich dem WSA Stralsund mit dem Ausbau der Zufahrt zum Seehafen Rostock, dem Ausbau des Nördlichen Peenestroms und der Ostansteuerung Stralsund. Der Seekanal Rostock wurde auf 14,50 m vertieft und von 80 m auf 120 m verbreitert. Dazu erfolgten der Abbau der Mittelmole (bis 1959 war das die alte Ostmole), die Verlängerung der Ostmole und der Bau einer Westmolenspange. Diese umfangreichen Arbeiten führten zu einer deutlichen Verbesserung der Schifffahrtsbedingungen auf dem Seekanal und stärkten die Wettbewerbsposition des Rostocker Hafens beträchtlich, wurde doch damit seit 1997 der zweischiffige Fährverkehr – das (gleichzeitige) Ein- beziehungsweise Auslaufen zweier Schiffe auf Gegenkurs – gewährleistet und das Anlaufen von Schiffen bis 250 m Länge, 40 m Breite und einem Tiefgang bis 14 m ermöglicht. Rostock wurde der einzige Tiefseehafen an der deutschen Ostseeküste.

Die Baumaßnahmen am Nördlichen Peenestrom dienten der Stärkung der Konkurrenzfähigkeit der Häfen Wolgast, Peenemünde, Freest und Kröslin. Die Vertiefung des Fahrwassers auf 6,50 m und die Verbreiterung der Fahrwassersohle zwischen Wolgast und Peenemünde auf 60 m waren dazu erforderlich. Damit können seit 1997/98 Schiffsneubauten der Peenewerft mit maximalen Abmessungen bis 150 m Länge, 24 m Breite und 5,50 m Tiefgang den Peenestrom auslaufend passieren und größere Schiffe als bisher den Wolgaster Hafen erreichen. Der Ausbau der Stralsunder Ostansteuerung erweiterte die Möglichkeiten der Volkswerft und des Stralsunder Hafens. Seit 1998 können Neubauten bis zu 230 m Länge, 32,20 m Breite und einem Tiefgang bis 6 m überführt werden. In der frei fahrenden Schifffahrt sind maximale Abmessungen bis zu 160 m Länge, 24 m Breite und 5,40 m Tiefgang auf dem Strelasund zulässig.

Eine neue Qualität erhielt nach 1990 das Seenotrettungswesen. Die durch Spenden finanzierte Deutsche Gesellschaft zur Rettung Schiffbrüchiger (DGzRS) übernahm vom Seenotrettungsdienst der DDR das Personal und die Fahrzeuge und ging unverzüglich daran, das Netz der Stationen zu verdichten und den Schiffspark zu erneuern. So versehen derzeit vier Seenotrettungskreuzer in Warnemünde, Darßer Ort, Saßnitz und auf der Greifswalder Oie ihren Dienst. Weitere Stationen verfügen über kleinere Boote modernster Bauart und Ausstattung. Wie unverzichtbar der harte und verantwortungsvolle Dienst der Rettungsflotte ist, zeigen die vielen Einsätze, um Segler oder Surfer, die verunglückt sind, vor dem nassen Tod zu bewahren.

Die schwerste Katastrophe vor der Küste ereignete sich am 14. Januar 1993 gegen acht Uhr morgens vor der Küste Rügens. Bei Windstärke 12 sank die polnische Fähre JAN HEVELIUSZ und riss 55 Menschen ins eiskalte Grab der Ostee. Das Schiff war trotz der Orkanwarnung am Abend zuvor aus Swinemünde mit Kurs auf Ystad ausgelaufen. Vor Rügen machten zehn Meter hohe Wellen die Fähre zum Spielball. Gegen fünf Uhr morgens funkte sie SOS. Der Rettungskreuzer ARKONA lief sofort aus. Auch Rettungs-Hubschrauber der Marine aus Kiel und Parow flogen zur Untergangsstelle. Dort lag das bereits gekenterte Schiff kieloben, Leichen trieben in der tosenden See! Die Retter taten alles Menschenmögliche, bei höchster Gefahr für das eigene Leben. Doch trotz aller Anstrengungen konnten sie nur neun Menschen lebend der See entreißen.

Erfolgsgeschichten mit Kreuzlinern und der Bäderschifffahrt

Als 1990 drei Kreuzfahrtschiffe am Passagierkai in Warnemünde festmachten, waren das eher Kundschafter-Aktionen. Keiner konnte voraussagen, dass an dieser Pier am Neuen Seekanal, der einmal als Abgangs- und Ankunfts-Station für die DDR-Ur-

Kreuzfahrtschiff A'ROSA BLUE vor der Hafeneinfahrt Warnemünde

lauberschiffe angelegt worden war, bald in den Sommermona-
ten fast täglich schwimmende Ferienhotels festmachen würden, darunter die größten Luxusliner. Für viele Amerikaner,
Japaner oder Kanadier wurde Rostock als »Berlin-Port« bekannt, denn von hier aus führt der kürzeste Tagesausflug in die
deutsche Hauptstadt. Doch auch das idyllische Warnemünde
selbst, Rostock und Bad Doberan, in einigen Fällen auch Stralsund und Schwerin waren anziehende Ziele für die Gäste aus
vielen Ländern. Im Sommer 1996 verzeichnete Warnemünde
schon 35 Kreuzliner-Ankünfte, sieben Jahre später waren es
77– ein Rekord!! Nicht selten lagen sie in der Saison 2003 zu
zweit in Warnemünde, einige machten im Seehafen fest. Das
Passagierterminal ist von Mai bis September auch für Einheimi-
sche und Feriengäste der nahe gelegenen Ostseebäder immer
einen Besuch wert. Der in Rostock ansässige Reiseveranstalter
»seetours«, als deutsche Niederlassung der weltweit im Kreuz-
fahrtgeschäft tätigen Carnival Cruises, hat sich in Deutschland
mit der innovativen Marke AIDA – den Schiffen mit dem roten
Kussmund am Bug – einen Namen gemacht. Passagierwechsel
in Rostock, von »seetours« erstmalig 2002 erprobt, dürfte dem
Fahrgasthafen, der inzwischen zu den wichtigsten Anlaufpunk-

ten für Kreuzfahrtschiffe im Ostseeraum zählt, einen weiteren Entwicklungsschub verleihen. Wie die Kreuzfahrttouristik so erfuhr auch die Fahrgastschiffahrt an der Küste und auf den Binnengewässern in den 90er Jahren einen Auftrieb. In Stralsund führte die »Weiße Flotte«, nun als GmbH und hundertprozentige Tochter der Fördereederei Seetouristik Flensburg, den alten Traditionsnamen weiter, freilich mit viel bescheidenerem Schiffsbestand. Sechs Fähren, die in Warnemünde, Stahlbrode und in Wittow den Verkehr über die Warnow, den Sund und den Rassowstrom sichern, sowie die Verbindung zwischen Stralsund und Altefähr mit dem Fahrgastschiff ALTEFÄHR stellen ein Hauptgeschäftsfeld der »Weißen Flotte« dar. Daneben bestreitet, deren wiederum hundertprozentige Tochter, die Reederei Hiddensee mit fünf Fahrgastschiffen den Personenverkehr zum »säuten Länneken« und mit einer Kombifähre die Versorgung von Hiddensee.

In Saßnitz bietet das Unternehmen »Ostseetours« mit drei Schiffen Ausflugsfahrten zur Kreideküste und anderen Zielen an und unterhält obendrein das Museums-U-Boot der Oberon-Klasse (ex Royal Navy), das als ein Anziehungspunkt im Hafen liegt. Die Reederei Lojewski, ebenfalls in Saßnitz angesiedelt, unterhält zwei Ausflugsschiffe und einen Schlepper.

Sehr stark frequentiert waren im letzten Jahrzehnt vor der EU-Erweiterung die Schiffe der Adler-Linien in Ueckermünde, die den »Buttertourismus« nach Stettin und Swinemünde betrieben. Wie sich diese Haff-Fahrten weiterentwickeln werden, bleibt abzuwarten.

Von Wismar aus stechen Schiffe der 1990 gegründeten Reederei Clermont zu Ausflugsfahrten in See. Größtes Schiff ist die MECKLENBURG (Baujahr 1997), 26,35 m lang, mit einer Kapazität von 230 Plätzen. Angeboten werden auch Hafenrundfahrten und Touren zwischen Wismar und Poel. Die anderen beiden Clermont-Schiffe heißen folgerichtig HANSESTADT WISMAR und INSEL POEL.

In Rostock sind seit mehreren Jahren vier Fahrgast-Reedereien auf der Warnow tätig, die sämtlich über moderne Schiffe verfügen: Die Reederei »Käpp'n Brass« übernahm den Namen einer Barkasse, des einzigen Fahrzeugs, mit der das Unterneh-

Das Fahrgastschiff KÄPP'N BRASS läuft am 91000 BRT Mega-Kreuzliner CONSTALLATION vorbei, der am Passagierkai in Warnemünde liegt.

men 1982 gegründet worden war. Das 16 m lange Boot fuhr seinerzeit in Kooperation mit der »Weißen Flotte«. Ein echter Unternehmens-Beginn war freilich erst nach 1990 möglich. Reeder Rainer Möller hat seine Flotte seither erweitert. Zu ihr gehört das größte Schiff im Rostocker Revier, die FÜRST BORWIN (Baujahr 2002), 32,70 m lang, mit einer Platzkapazität von 380 Personen. Die anderen Schiffe KÄPP'N BRASS und MIN HERZING sowie OSTSEEBAD WARNEMÜNDE sind ebenfalls sehr modern, erst in den 1990er Jahren in Dienst gestellt.

Auch die »Blaue Flotte« in Rostock-Gehlsdorf begann mit einer Barkasse, der DIETER. 10 m lang, zugelassen für 20 Personen bei Hafenrundfahrten. Die 1998 in Fahrt gekommene HANSESTADT ROSTOCK (29,18 m lang, 230 Personen, Eigner Dieter & Olaf Schütt GbR) und die erst 2003 in Dienst gestellten Fahrgastschiffe MECKLENBURG (29,20 m lang, 230 Personen Reeder Dieter & Thomas Schütt) und ROSTOCKER 7 (32,30 m lang, 250 Personen, Eigner Olaf Schütt) bedienen die »Strandlinie« Rostock-Stadthafen – Warnemünde. Reserveschiff der »Blauen Flotte« ist die kleinere und ältere KASPER OHM.

Die Schiffe der Reederei Wolfgang Heckmann könnte man als »Orange Flotte« bezeichnen, wegen der dominierenden Farbgebung. Modernstes und größtes Schiff ist die nostalgisch im Stile eines alten Bäderdampfers mit »Angströhre« gestylte SELE-

NE (26,70 m lang, 220 Personen), deren Name einem bekannten Segelschiff früherer Zeiten entlehnt ist. Der Eigner Reinhard Kammel macht mit den Schiffen MARKGRAFENHEIDE (43,40 m lang, 140 Personen) und SCHNATERMANN (10,23 m 50 Personen) Touren zum Ausflugsziel Schnatermann am Breitling und Hafenrundfahrten.

Als Ausflugsschiff für die Küstenfahrt ist das Tagespassagierschiff BALTICA (Baujahr 1959, 49 m lang, 512 Fahrgäste) im Einsatz. Es lief unter verschiedenen Eignern und wird seit 2001 von der Böttcher-Schifffahrt Touristik GmbH Warnemünde (BSTW) bereedert. Die BALTICA unternimmt Fahrten nach Grömitz und Brückenfahrten nach Kühlungsborn und Graal-Müritz.

Personen- wie Fährschifffahrt und andere Bereiche der maritimen Wirtschaft verdanken ihren Boom nicht zuletzt auch der Tatsache, dass sich Mecklenburg-Vorpommern zum beliebtesten Urlaubs- und Tourismusland mauserte mit ständigen Zuwachsraten seit der Wiedervereinigung. Die Badeorte veränderten ihre Gesichter zum Positiven durch umfangreiche Rekonstruktionen der Hotels, Pensionen, Gaststätten und Kurhäuser, durch die liebevolle Wiederherstellung der alten Bäderarchitektur und durch den Bau neuer Hotels, Ferienhäuser, Kur- und Reha-Kliniken sowie Service-Einrichtungen. Die »Kaiserbäder« Ahlbeck, Heringsdorf und Bansin auf Usedom, Binz und Sellin, die Perlen Rügens, das mondäne Heiligendamm, Kühlungsborn, Boltenhagen, ja eigentlich alle Ostseebäder, gewannen an Flair, konnten ihre Angebote für einen erholsamen und erlebnisreichen Urlaub beträchtlich erweitern. Seebrücken steigerten die Attraktivität mehrerer Badeorte, wobei die umfangreiche Rekonstruktion der alten Seebrücken von Ahlbeck und Sellin hervorzuheben ist und als absolutes Highlight der Bau der neuen, großzügigen 500 m langen Seebrücke Heringsdorf gelang.

Hanse Sail – jährliches Stelldichein der Windjammer

Eine besondere Erfolgsgeschichte verbindet sich mit der Hanse Sail Rostock. Als eine Handvoll Wagemutiger für 1991 ein Windjammertreffen organisierte, war das zunächst ein Test, der mit einem positiven Fazit endete. So beschlossen die »Macher« auch in den folgenden Jahren ein solches Sommer-Highlight zu gestalten. Dabei gab es durchaus Unsicherheiten: Würde die Neugier auf den Osten in den alten Bundesländern und den Nachbarländern und damit das Interesse an diesem Seglerfestival nicht abnehmen? Würden sich damit nicht die Anzahl der teilnehmenden Traditionssegler und der Besucherzustrom verringern? Können sich auf Dauer die Aufwendungen wirtschaftlich lohnen? Die International Sail Training Association (ISTA) hatte Rostock 1996 erstmalig zum Ausgangshafen des Cutty Sark Tall Ship's Race bestimmt. Diese jährlich, in stets anderen Seegebieten der Welt ausgetragene Regatta führte über St. Petersburg und Turku nach Kopenhagen. Vom 6. Bis 9. Juli fand deshalb die aus diesem besonderen Grund so bezeichnete Baltic Sail statt. Durch die Anziehungskraft der internationalen Segelschulschiffregatta mit der Beteiligung von mehr als 100 Schiffen und annähernd einer Million Besuchern schien das Sail-Fest 1996 nicht zu überbietende Marken gesetzt zu haben. Doch dank der Anstrengungen der Stadt, der Tourismuszentrale und des Büros Hanse Sail Rostock gelang es, in den Folgejahren alle Rekorde noch zu toppen. So verzeichnete die Sail 2003 die Teilnahme von 250 Schiffen und Yachten unter den Flaggen von 15 Ländern, darunter 20 Großsegler mit über 50 m Länge und einer Segelfläche mit mehr als 650 m^2! Mit von der Partie waren die weltweit größten Traditionssegler, die russischen Viermastbarken KRUZENSHTERN und SEDOW. Hinzu kamen Dampf- und Motor-Oldtimer. Die Hanse Sail hat sich nicht nur den Status des größten Volksfestes in Mecklenburg-Vorpommern mit stets mehr als einer Million Besuchern, sondern eine Position als eines der international bedeutendsten Windjammertreffen überhaupt erworben. Seit 2001 finden während der Hanse Sail auch Seefliegertreffen statt, die eine zusätzliche At-

Star der Hanse Sail: die russische Viermastbark KRUZENSHTERN

traktion darstellen. Sie knüpfen an die Seefliegertreffen in den 1920er Jahren an, wobei sowohl Wasserflugzeuge aus mehreren Ländern teilnehmen und Rundflüge anbieten, außerdem aber auch Kunstflugstaffeln ihr Können zeigen

Das neue Gesicht der Küste bestimmen maßgeblich die Marinas mit, die in einer Reihe von Küstenorten angelegt wurden. Die wohl größte in Vorpommern ist Kröslin. Ein ganz neuer Seglerhafen entstand in Kühlungsborn. Absolutes Glanzstück, das sicherlich seinesgleichen an allen Küsten des Baltischen Meeres suchen dürfte, ist der neue große Seglerhafen an der Hohen Düne in Rostock-Warnemünde. Diese Super-Marina war schon im Zusammenhang mit der Olympiabewerbung Berlins für die Spiele 2000 geplant worden. Als sich Leipzig und Rostock für die Spiele 2012 bewarben, wurde mit dem Bau begonnen, dabei von vornherein mit dem Entschluss, das Objekt auch bei einem Scheitern der Kandidatur unbedingt fertig zu stellen. Es war klar, dass Rostock schon im Hinblick auf die jährlich stattfindende »Warnemünder Woche« und andere internationale Segelwettbewerbe einen repräsentativen Seglerhafen benötigt, da der kleine Yachthafen auf der Mittelmole in Warnemünde schon längst aus allen Nähten platzte und den Anforderungen in keiner Weise mehr entsprach.

Dieses exklusivste und modernste Zentrum des Segelsports in Deutschland ist wasserseitig bereits Anfang Mai 2004 fertiggestellt worden. Die landseitigen Anlagen folgen zügig. Auf einem Areal von 200 000 m^2 Wasserfläche haben dann 750 Boote aller Größen an den Holz beplankten Stegen Platz in einer alle Versorgungsgüter bietenden Hafen-Anlage mit einem Rundum-Service für die Yachten und deren Besatzungen und Gäste. Hinzu kommen ein 5-Sterne-Hotel mit umfassendem Wellness-, Fitness- und Beautybereich auf 3 500 m^2 Fläche an Land sowie 8 Restaurants und 12 Geschäfte und Boutiquen.

*

Nach mehr als 1000 Jahren Seefahrtsgeschichte Mecklenburgs und Vorpommerns sind viel versprechende Chancen für einen weiteren Aufschwung von Schifffahrt, Hafenwirtschaft, Fährverkehr und maritimem Tourismus gegeben.

Ausgewählte Quellen und Literatur

Auerbach, Preussens Weg zur See, Berlin 1995

Bönisch/Wenzel/Stübner, DSR-Lines. Die Deutsche Seereederei Rostock, Hamburg 1996

Bohl/Keipke/Schröder, Bomben auf Rostock, Rostock 1995

Busch/Ramlow, Deutsche Seekriegsgeschichte, Gütersloh/Berlin 1942

Deutscher Marinekalender/Marinekalender der DDR, Jahrgänge 1965–1991, Berlin

Erichsen, 1000 Jahre Mecklenburg, Geschichte und Kunst einer Region, Rostock 1995

Ewe, STRALSUND, Rostock 1978

Fritze/Krause, Seekriege der Hanse, Berlin 1997

Gerds/Gehrke, Und am Bug der Greif, Rostock 1977

Gerds/Gehrke, Vom Fischland in die Welt, Rostock 1984

Grunert, Die Technische Flotte der Bagger-, Bugsier- und Bergungsreederei Rostock 1945 bis 1995, Rostock 2000

Heinsius, Das Schiff der hansischen Frühzeit, Weimar 1986

Karge/Münch/Schmied, Geschichte Mecklenburgs, Rostock 1993

Kramer R./Kramer W./Foerster, Die Schiffe der »Königslinie«, Rostock 1981

Kramer/Foerster, Brückenschlag über die Ostsee, Rostock 2003

Schildhauer/Fritze/Stark, Die Hanse, Berlin 1974

Lachs/Raif, ROSTOCK, Rostock 1968

Lachs/Prignitz/Schreiber/Bauermeister, Die Geschichte des Rostocker Hafens, Rostock 2002

Mohr, Die Jomswikinger, ihre Jomsburg und der Gau Jom an den Küsten Pommerns, Doberlug-Kirchhain 2001

Müller, Rostocks Seeschiffahrt und Seehandel im Wandel der Zeiten, Rostock 1930

Rabbel, Rostocks Windjammer, Hölzerne Segler, Rostock 1988

Rabbel, Rostocks eiserne Segler, Rostock 1986

Rahden, Die Schiffe der Rostocker Handelsflotte 1800 bis 1917, Rostock 1941

Rothe, »Weiße Flotte«, Hamburg/Berlin 1994

Schelzel, Wikingerzüge, Rostock, 2001

Schön, Flucht über die Ostsee 1944/45, Stuttgart 1985

Schröder (Hrsg.), In deinen Mauern herrschte Eintracht und allgemeines Wohlergehen, Rostock 2003

Sperling/Wittig, Fische, Netze und Matrosen, Berlin 1977

Stahl, VEB Schiffswerft »Neptun« Rostock, Schiffsregister, Rostock 1985

Strobel/Hahlbeck, Hiev up. So war die Hochseefischerei der DDR, Hamburg 1995

Vorträge auf dem DGSM-Jahreskongress 2001 in Zinnowitz (Lassnig, Strobel, Müller), in: Jahrbuch der Deutschen Gesellschaft für Schiffahrts- und Marinegeschichte (DGSM), Düsseldorf 2003

Wislicenus, Deutschlands Seemacht, Leipzig 1909

Diverse Pressebeiträge, Zeitschriftenaufsätze sowie Werbe- und Image-Broschüren von Kommunen, Behörden und Unternehmen.

Abbildungsverzeichnis

S.14: Darstellung von Marinemaler Walter Zeeden; in: Busch/Ramlow, Deutsche Seekriegsgeschichte, Gütersloh 1942; Archiv des Autors

S.17: Foto: Autor. Wir danken dem Archiv der Hansestadt Stralsund für die freundliche Abbildungsgenehmigung.

S.26: Archiv des Autors

S.32: Zeichnung: Trenkwald; in: Deutsche Geschichte in Bildern, nach Originalzeichnungen deutscher Künstler, Dresden 1862; Archiv des Autors

S.47: Archiv des Autors

S.51: Archiv des Autors

S.55: Archiv des Autors

S.65: Foto: Hajo Volster; Archiv des Autors

S.66: Kapitänsbild im Besitz des Heimatmuseums Zingst; aus: Vom Fischland in die Welt, Rostock 1987; Foto: Rainer Schulz

S.68: Foto: Peter Seemann

S.72: Archiv des Autors

S.74: Sammlung Eschenburg

S.77: Foto: Karl Eschenburg

S.85: Postkarte; Archiv des Autors

S.93: Foto: Schäfer

S.96: Foto: Jürgen Fensch

S.98, 102, 105, 107, 117, 118, 120, 123, 125, 128: Archiv des Autors

Wir bedanken uns bei allen, die Fotos zur Verfügung stellten. In einigen Fällen konnten wir die Urheber nicht ermitteln. Berechtigte Ansprüche sind beim Verlag geltend zu machen.